Thank you to my friends and family for support.
Thank you specifically to Chelsea Christian
for making this book possible.

This book contains artistic nude images.
Please respect the model.

Model/MUA: Chelsea Christian
Photographer/Photo Editor: Ben Clayton

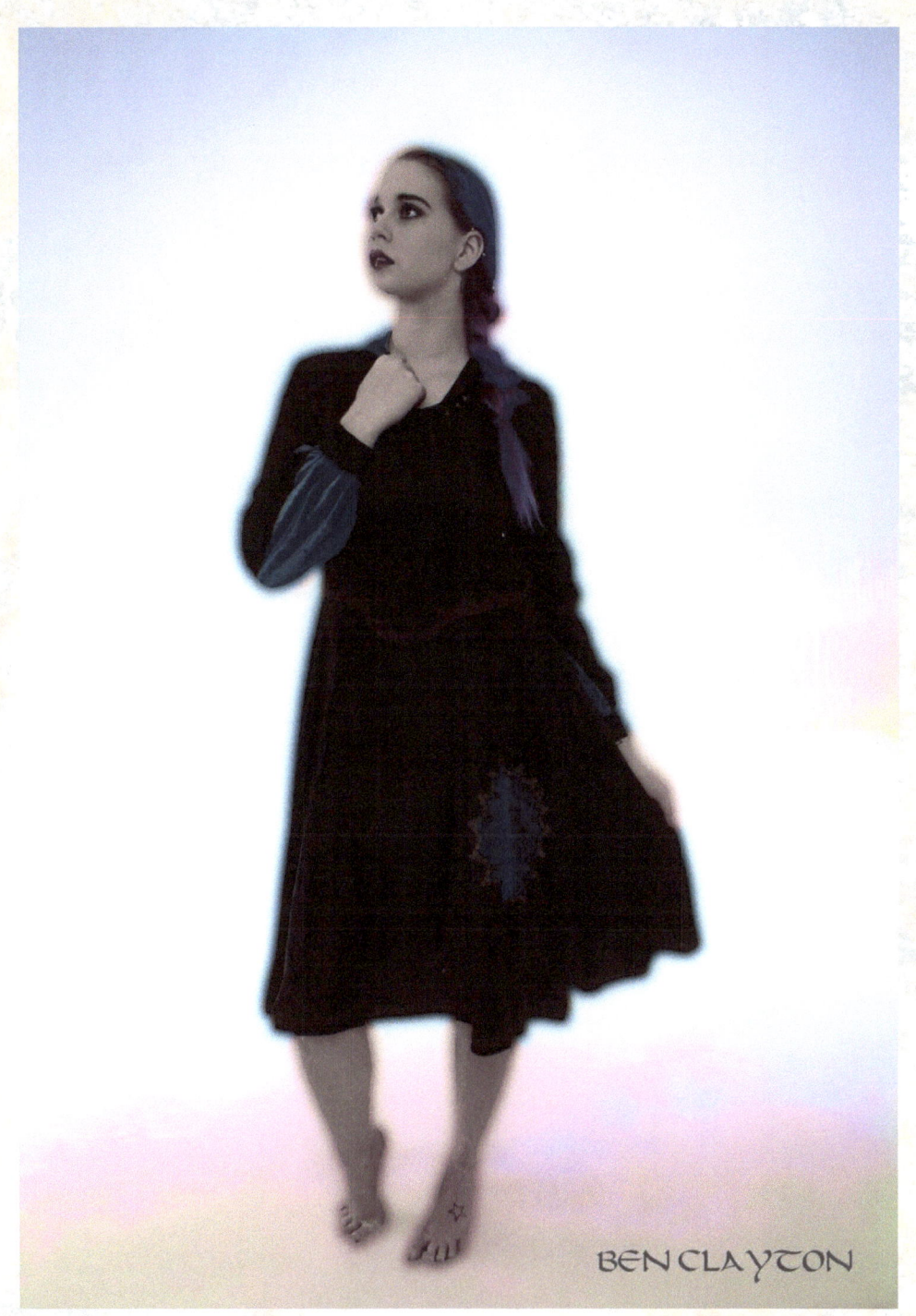

BEN CLAYTON

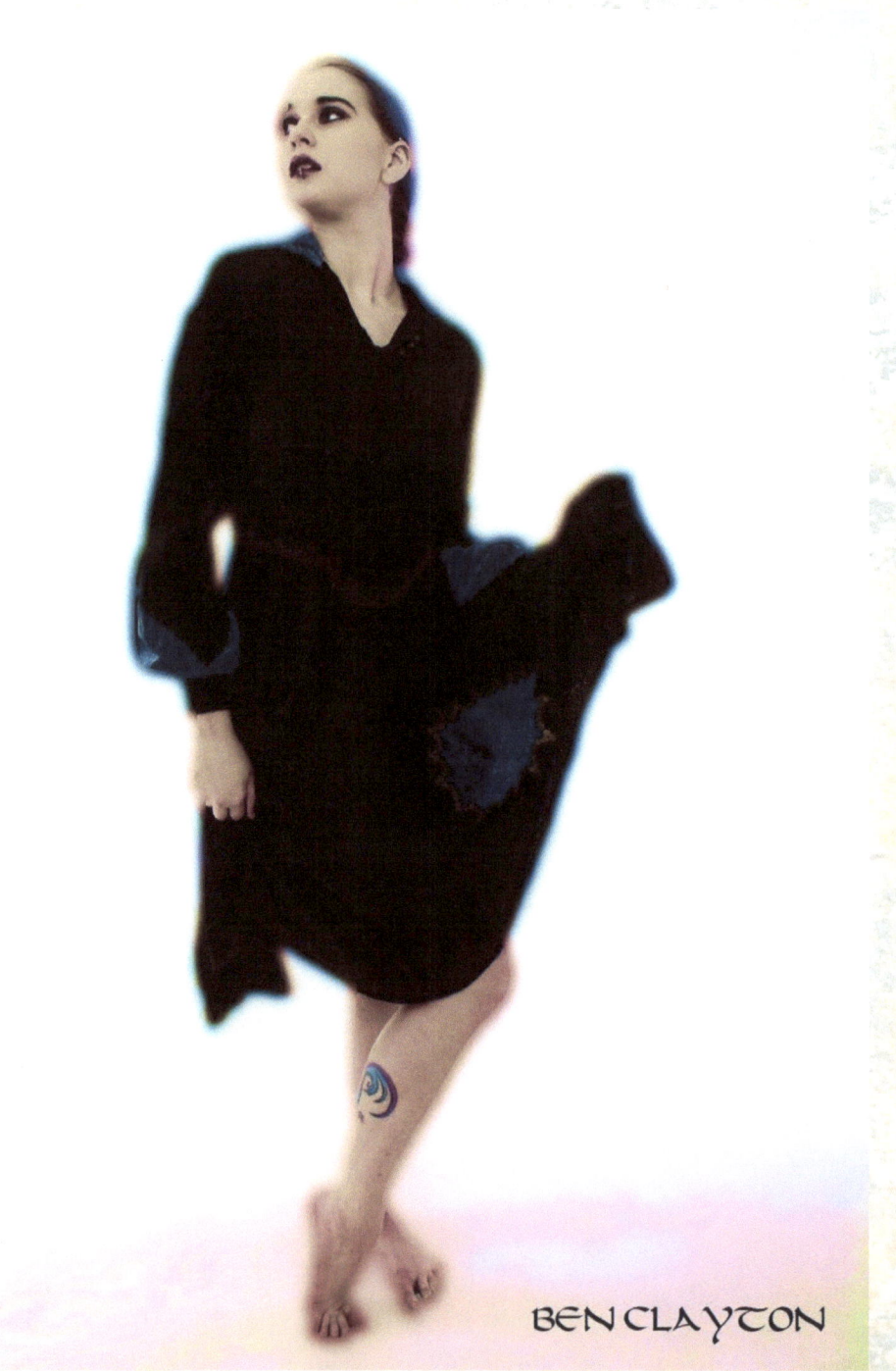

BEN CLAYTON

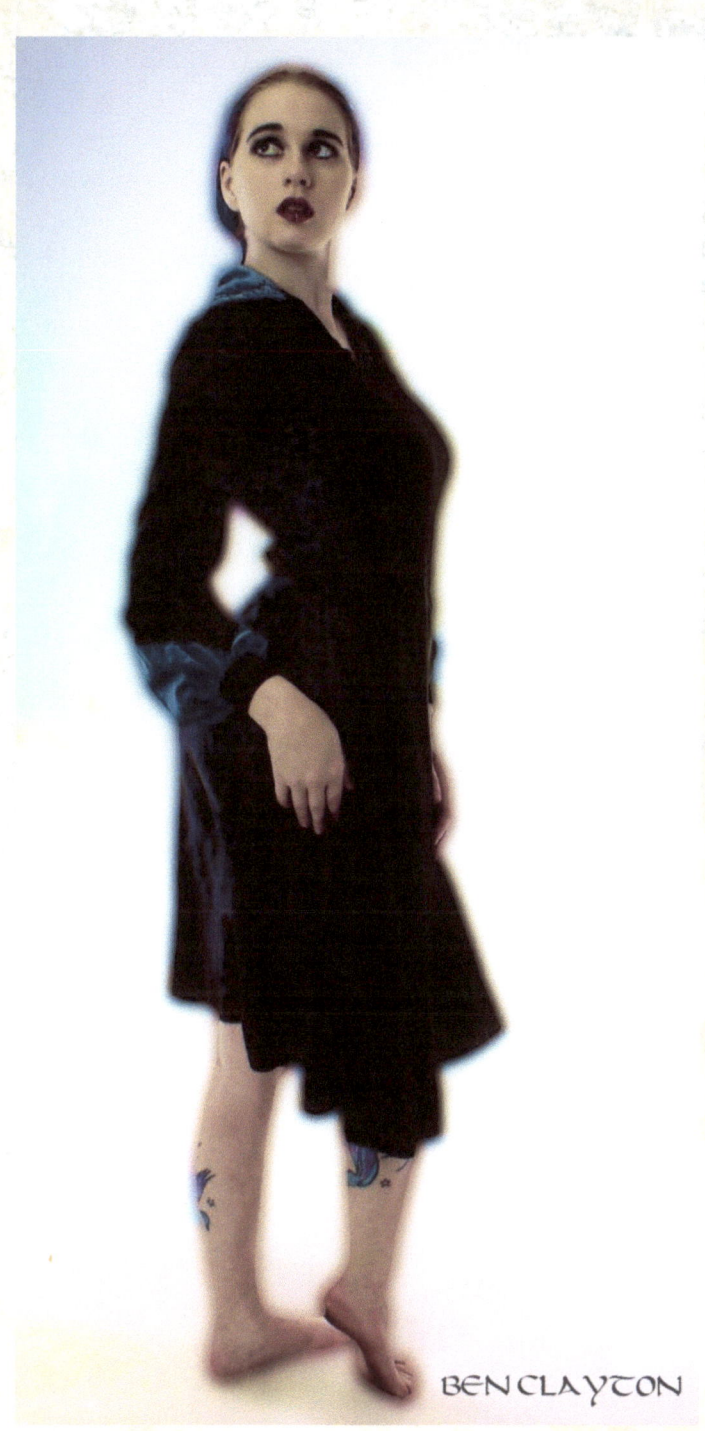

BEN CLAYTON

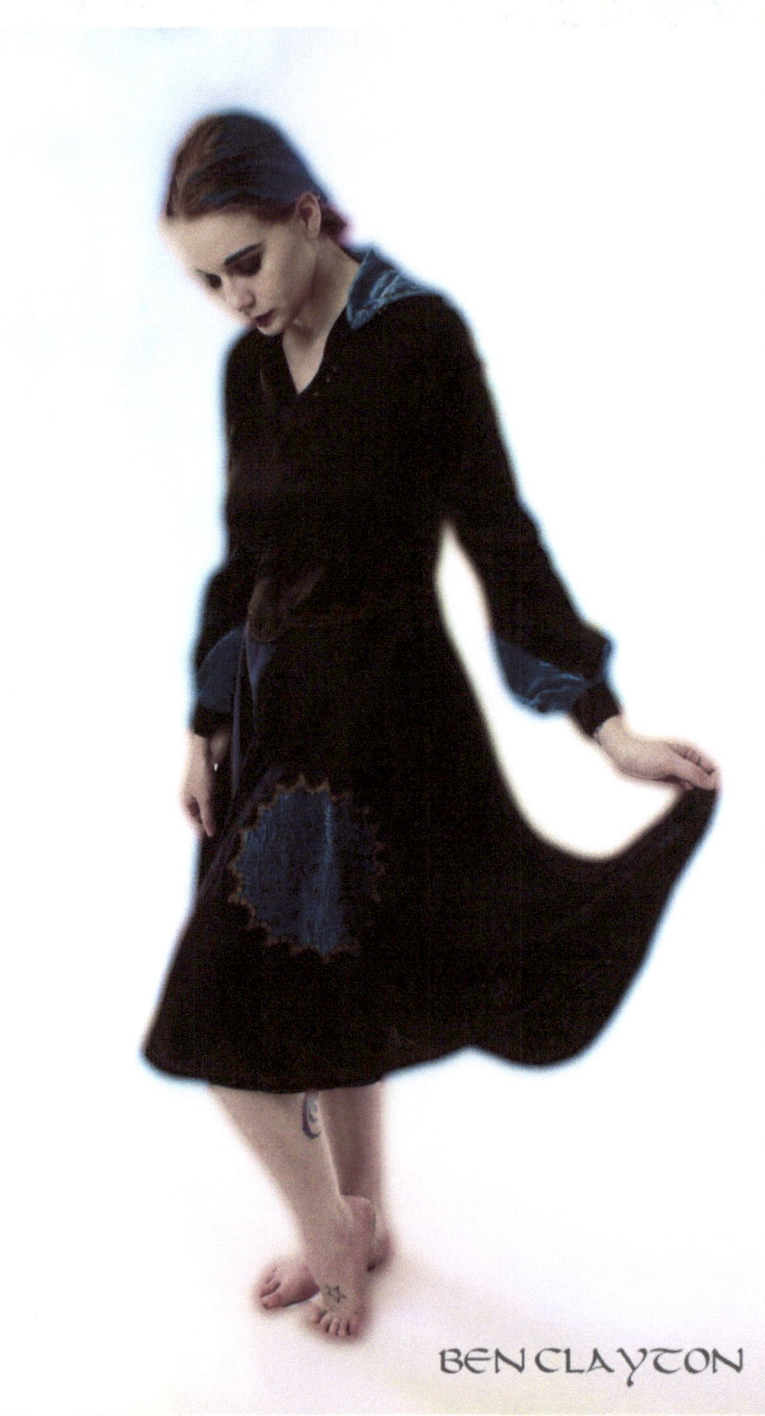

BEN CLAYTON

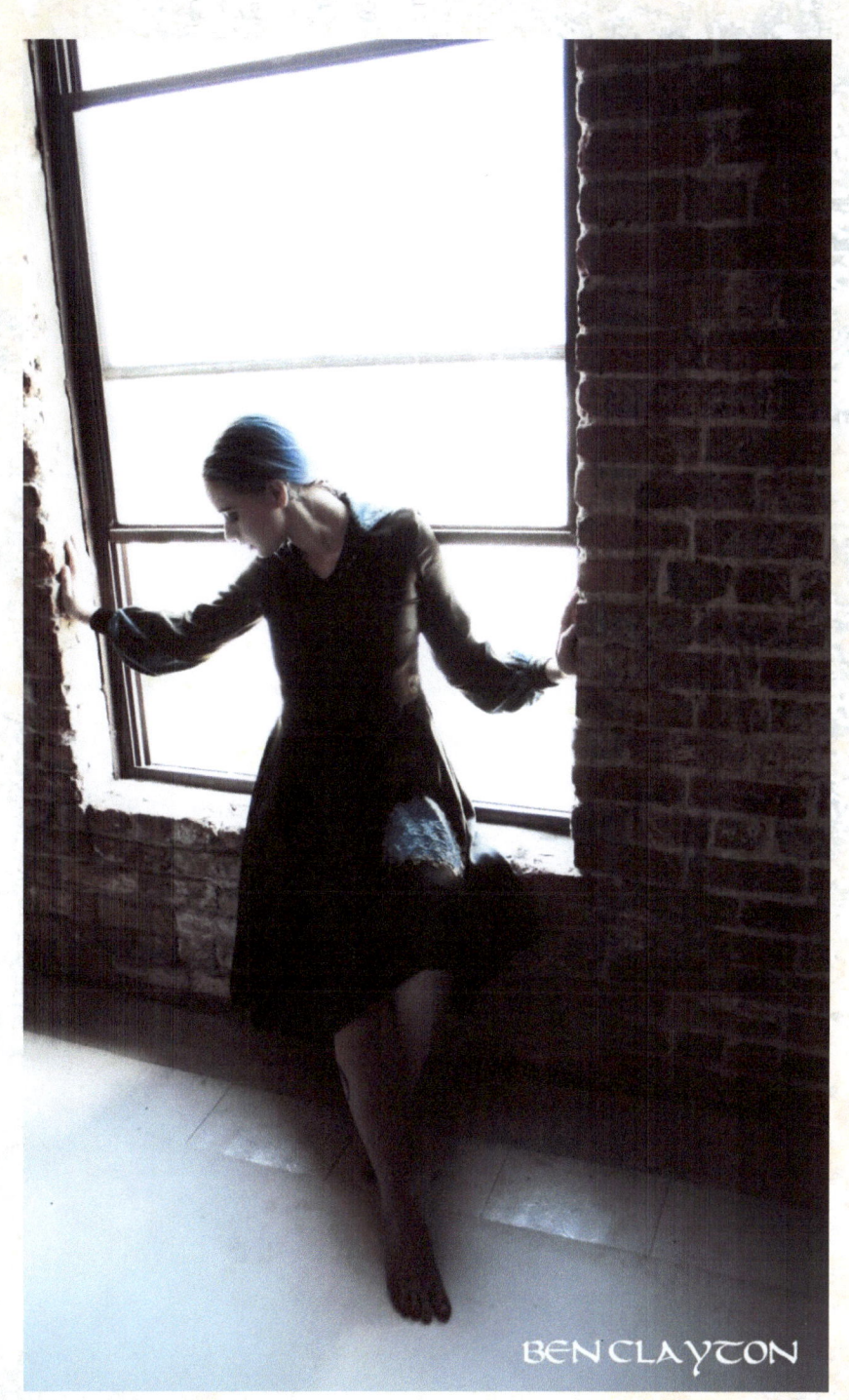
BEN CLAYTON

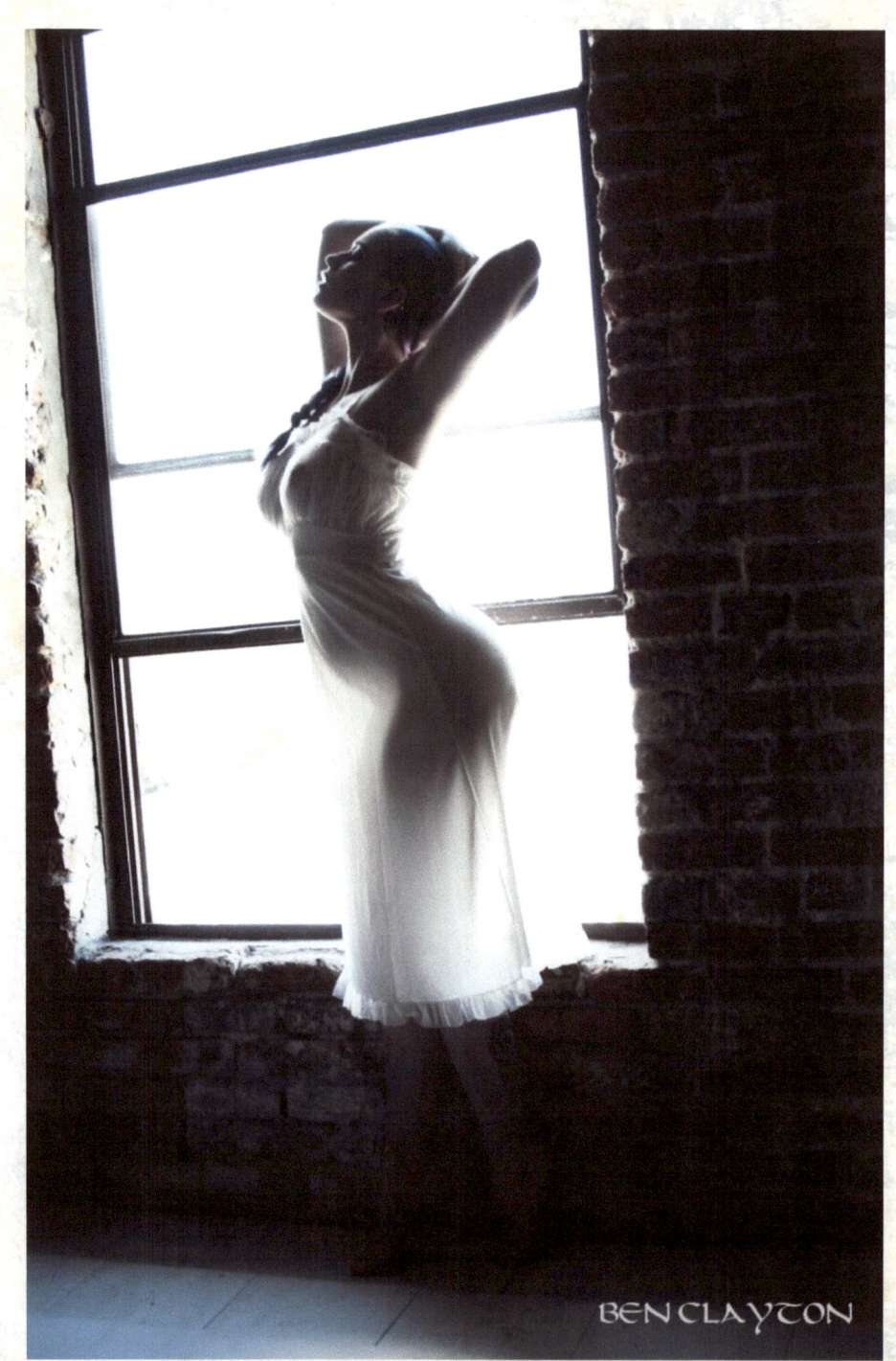
BEN CLAYTON

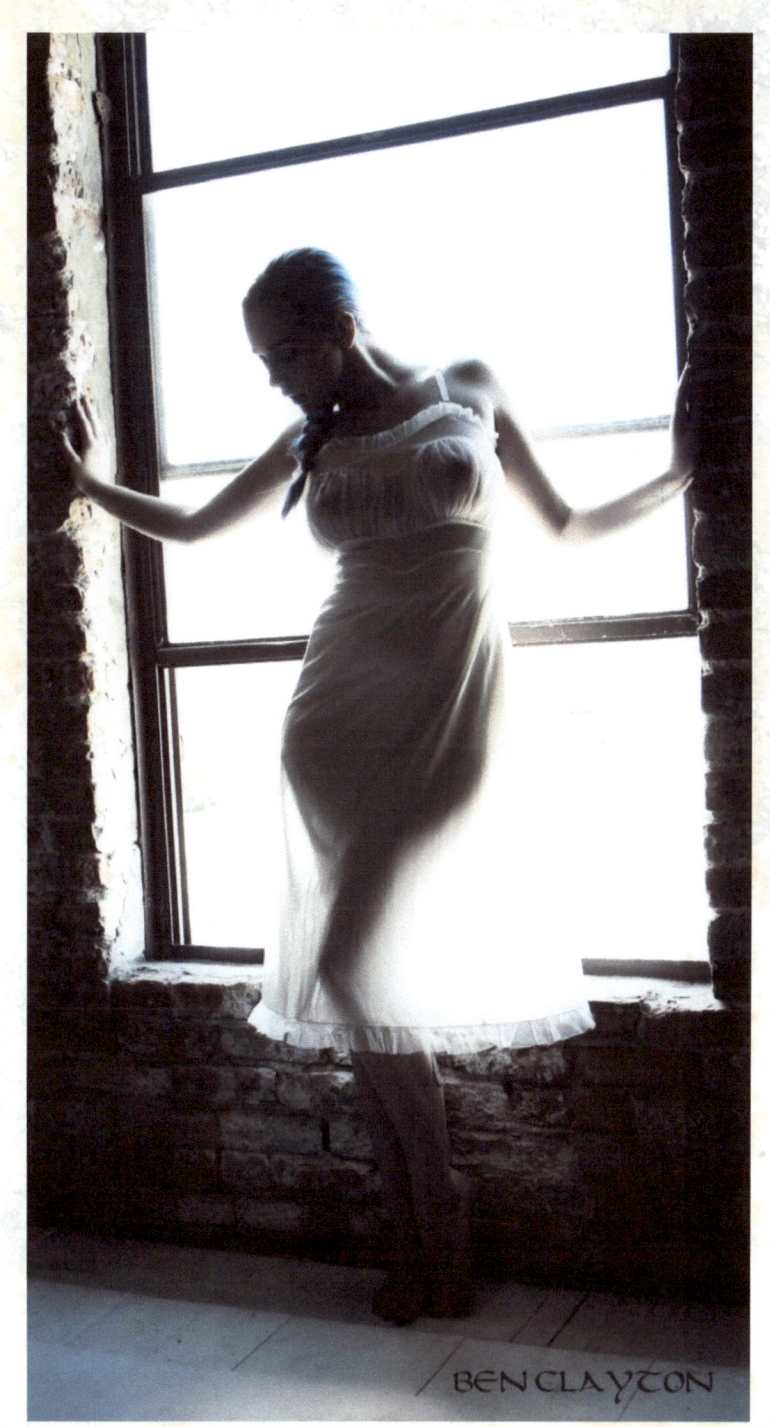
BEN CLAYTON

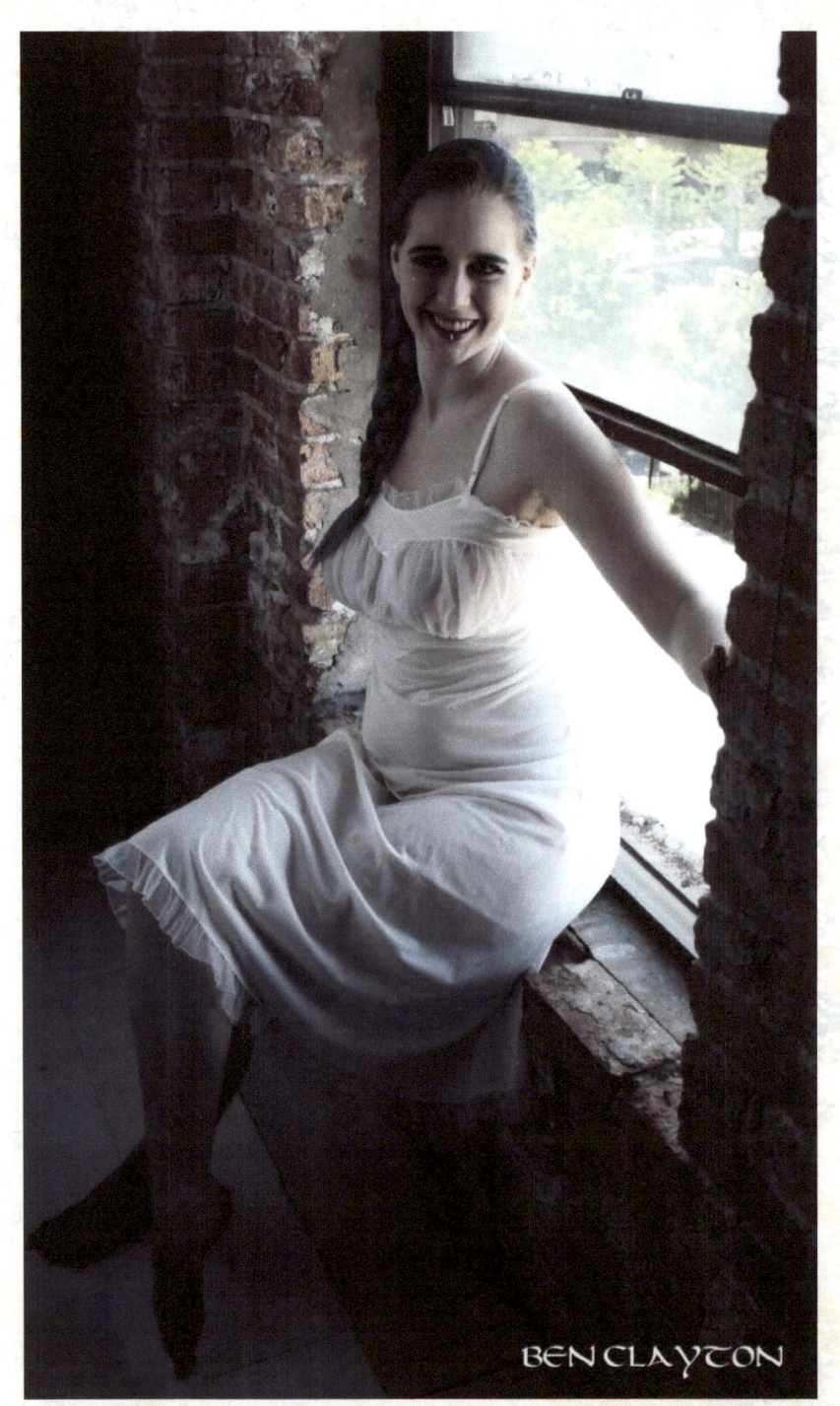

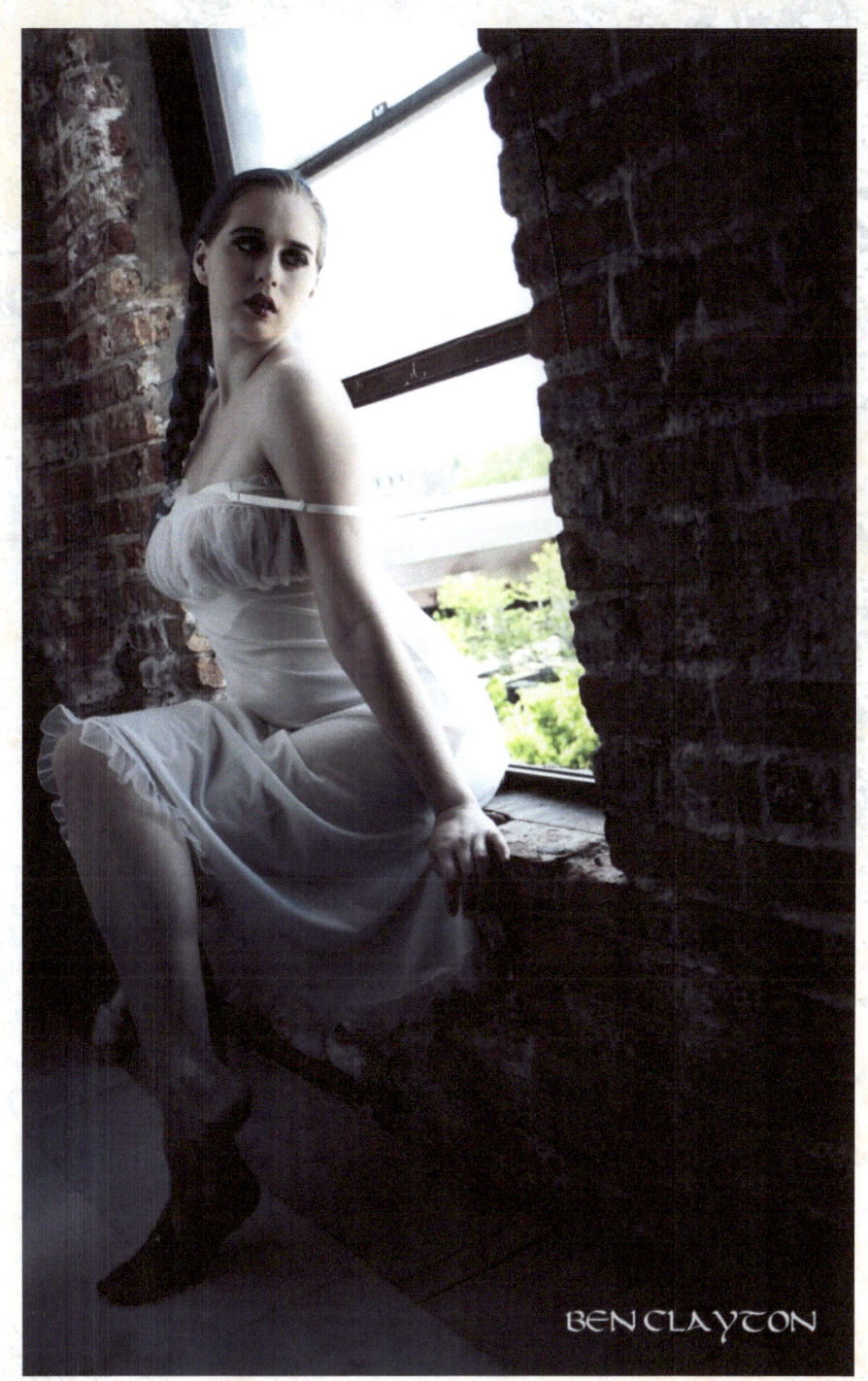

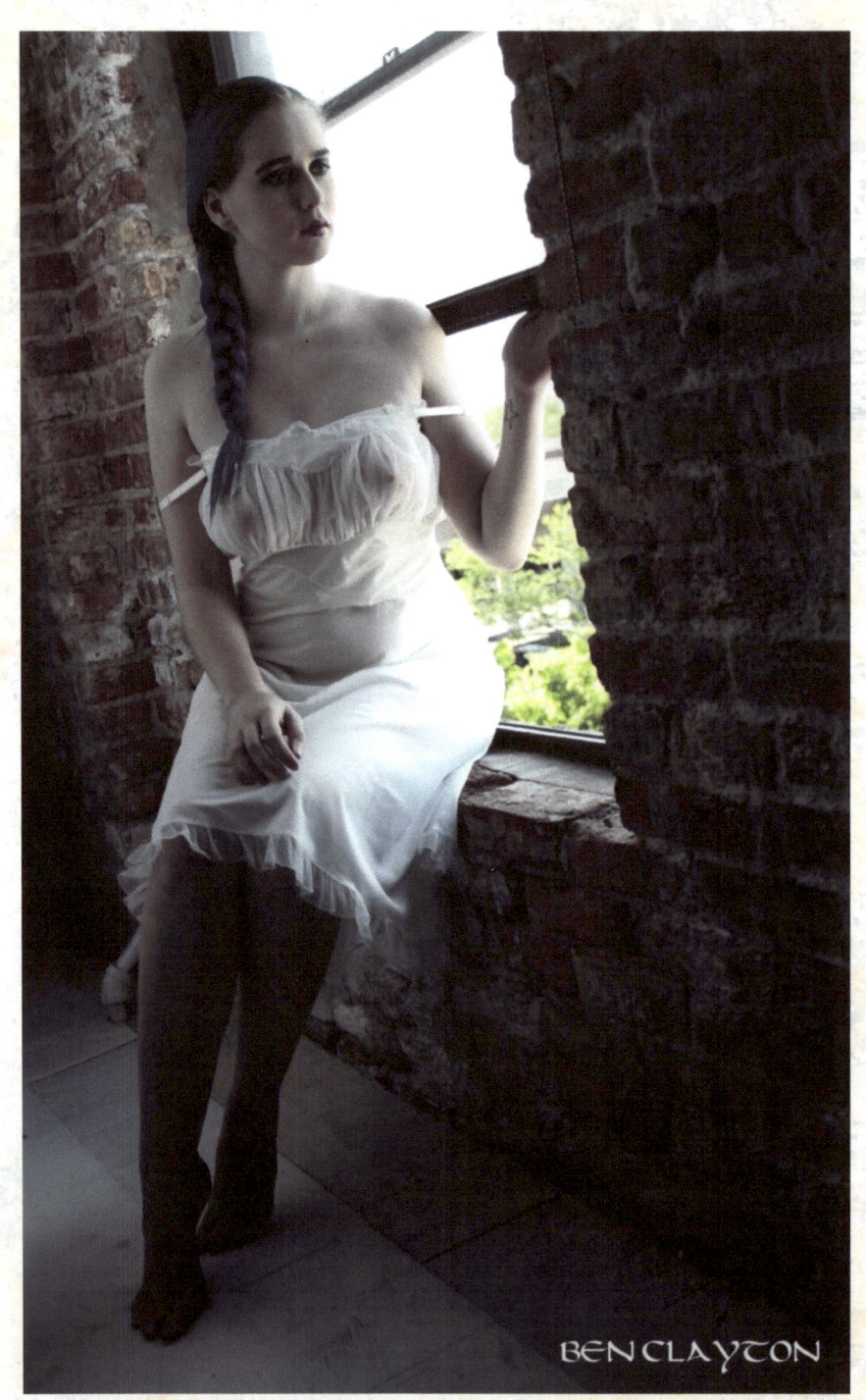

BEN CLAYTON

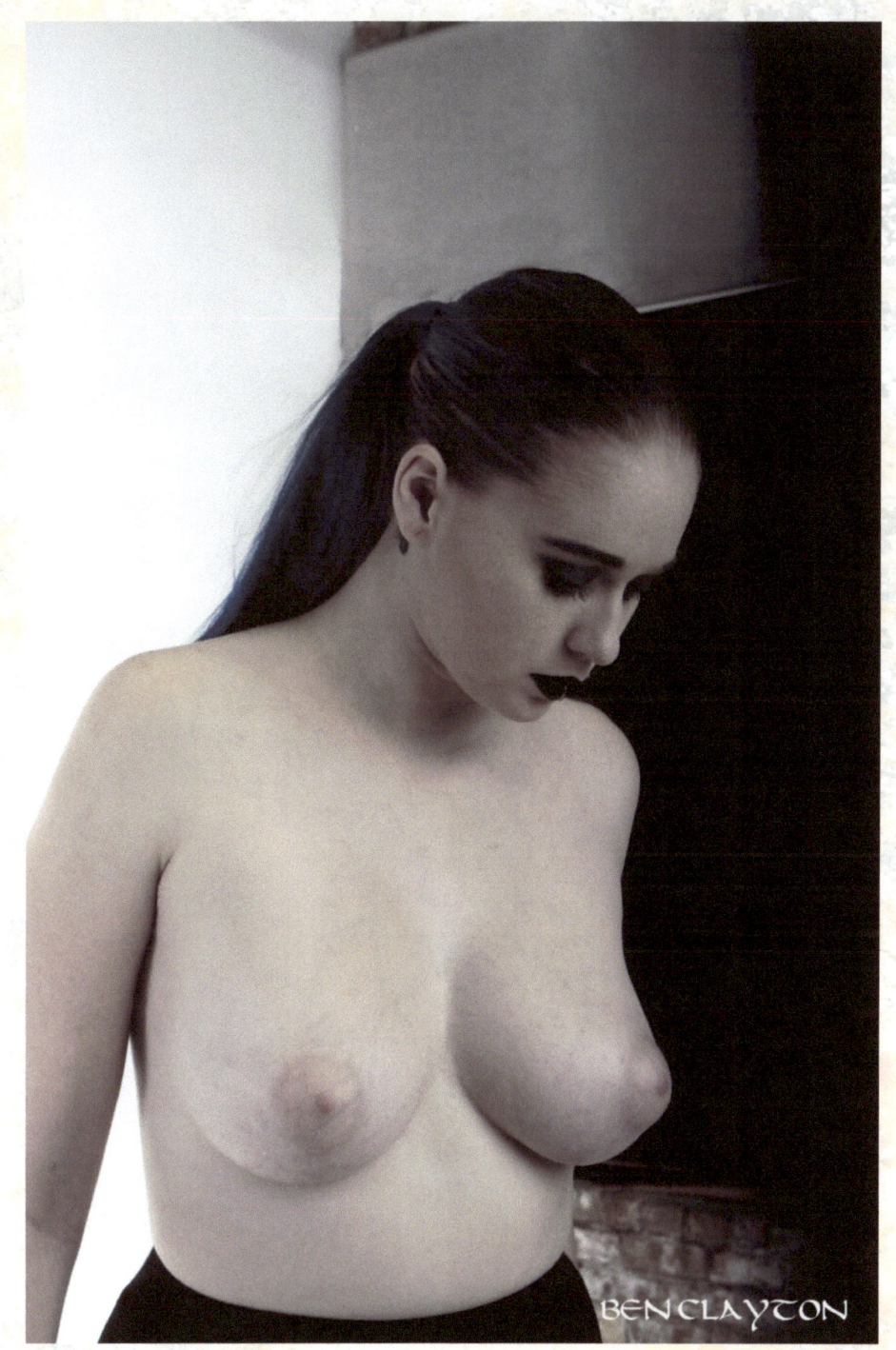

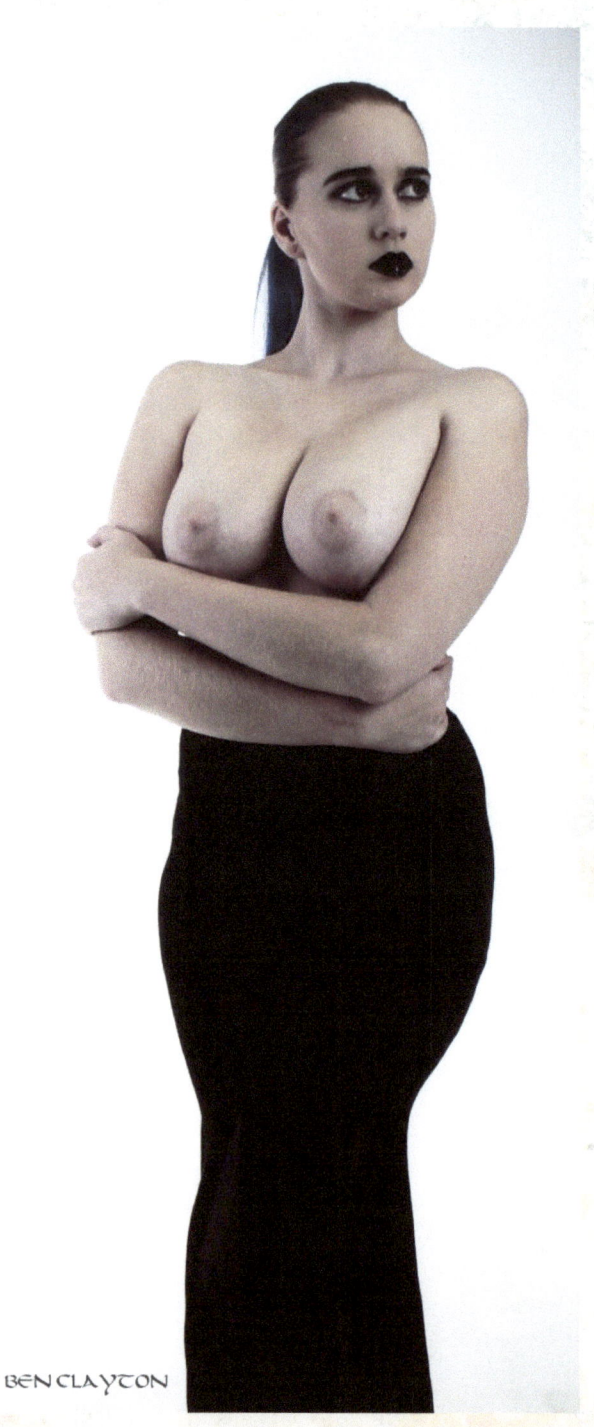

BEN CLAYTON

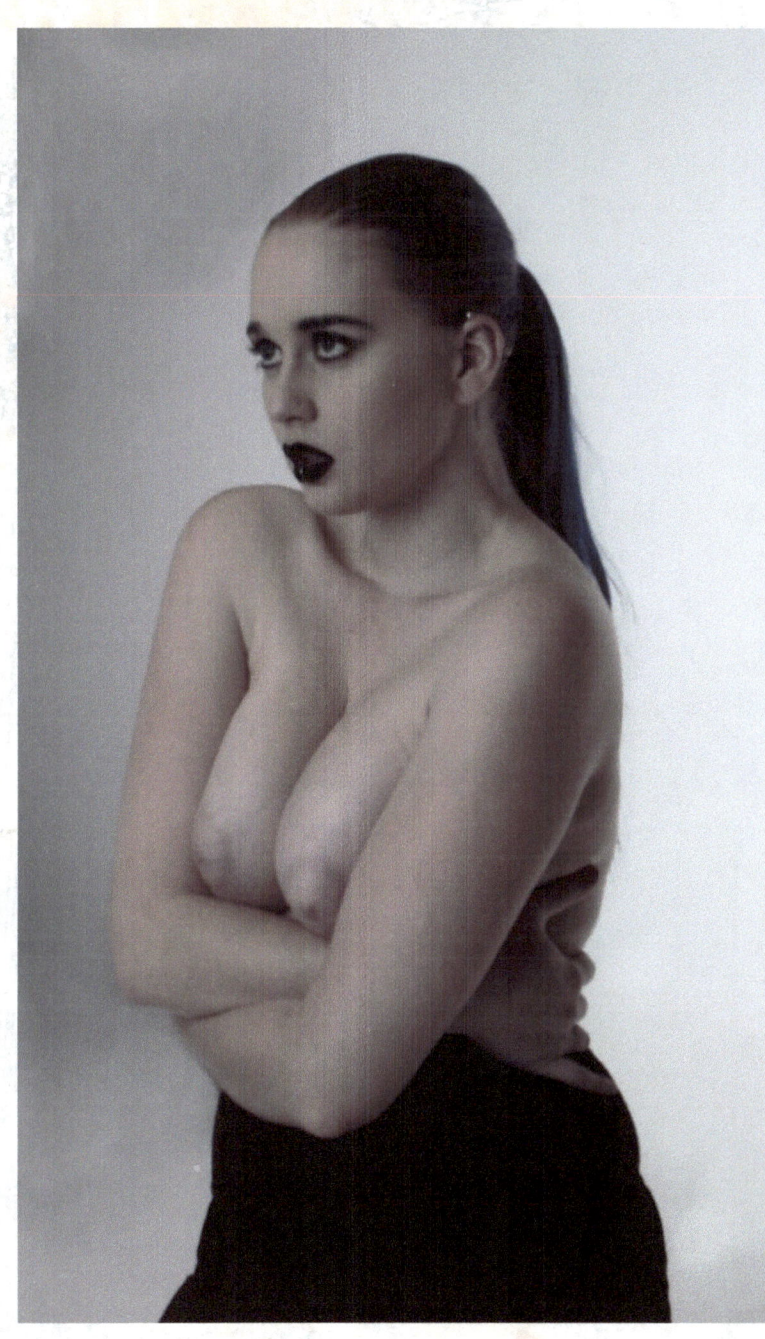

BEN CLAYTON

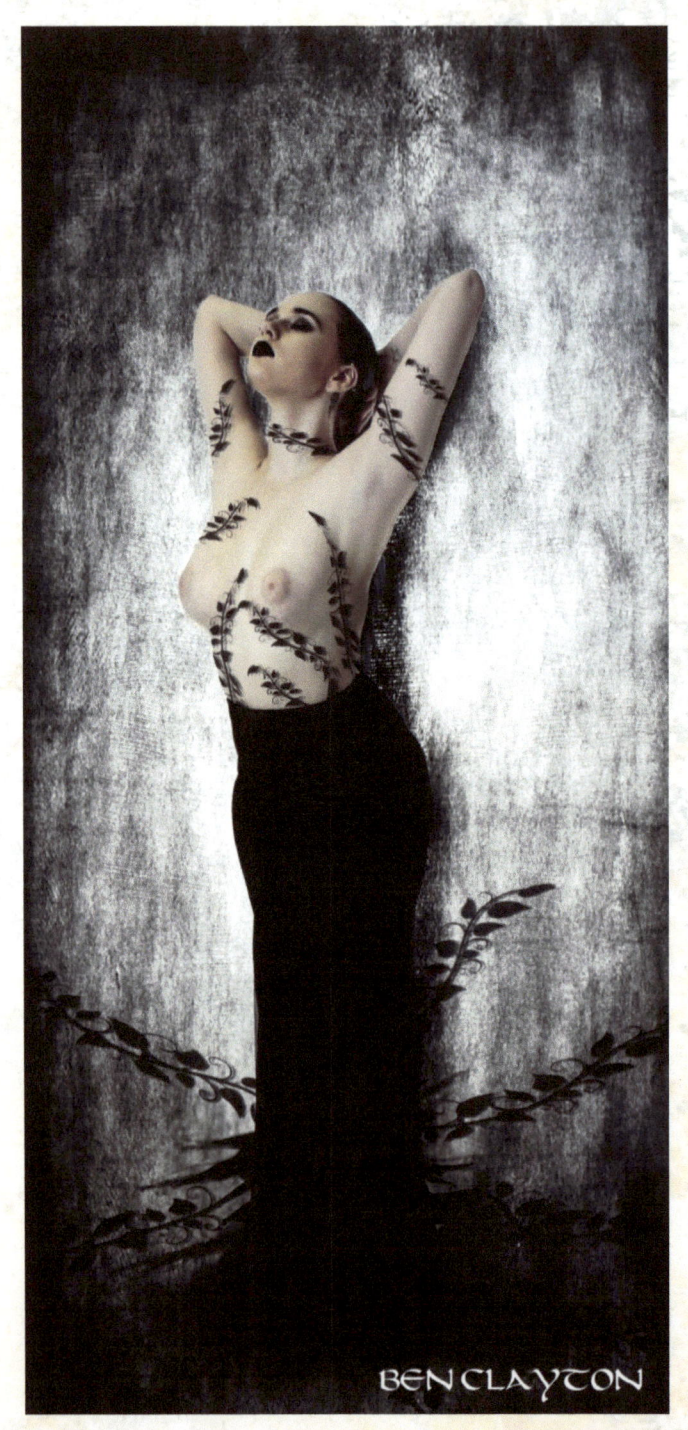
BEN CLAYTON

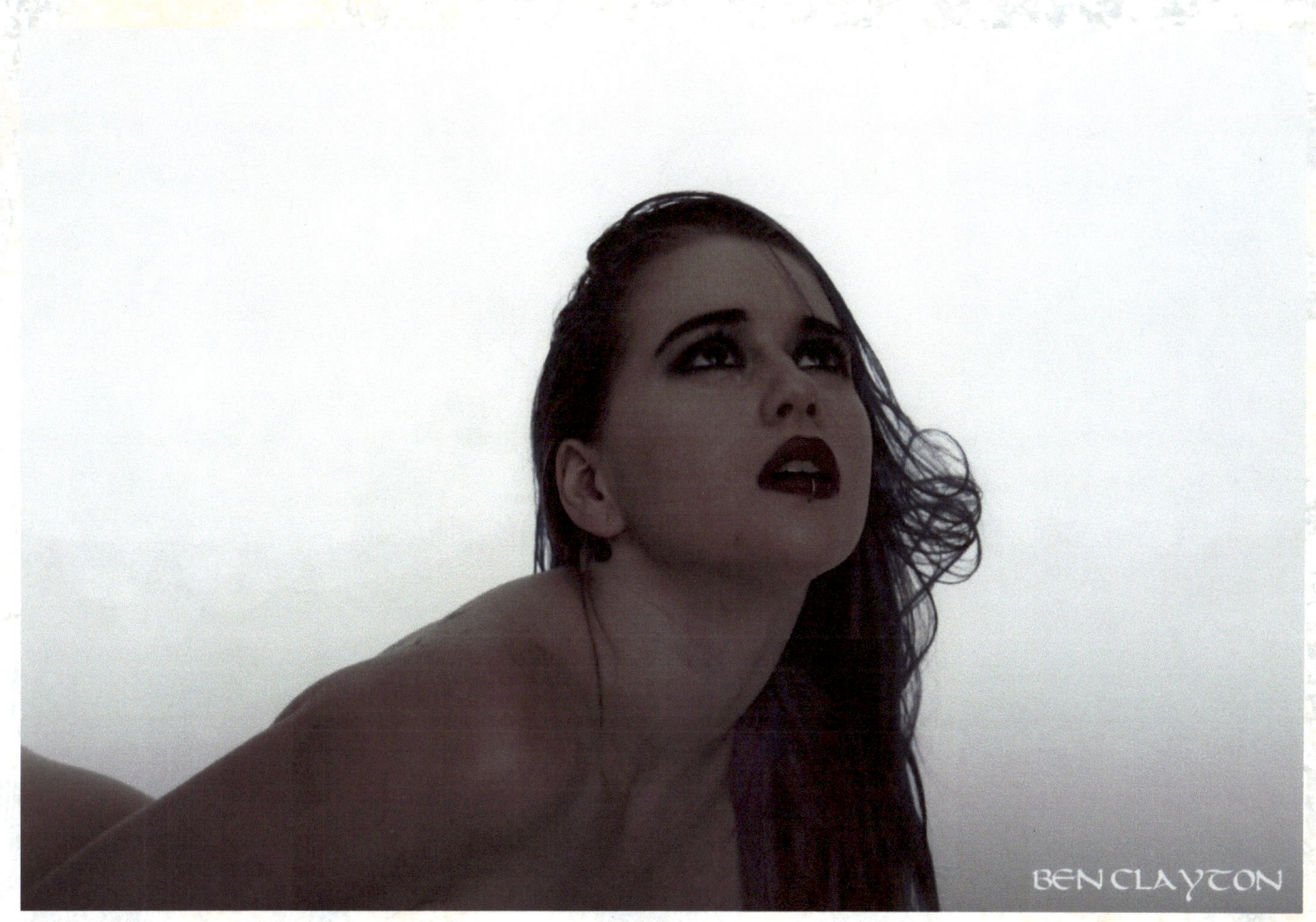

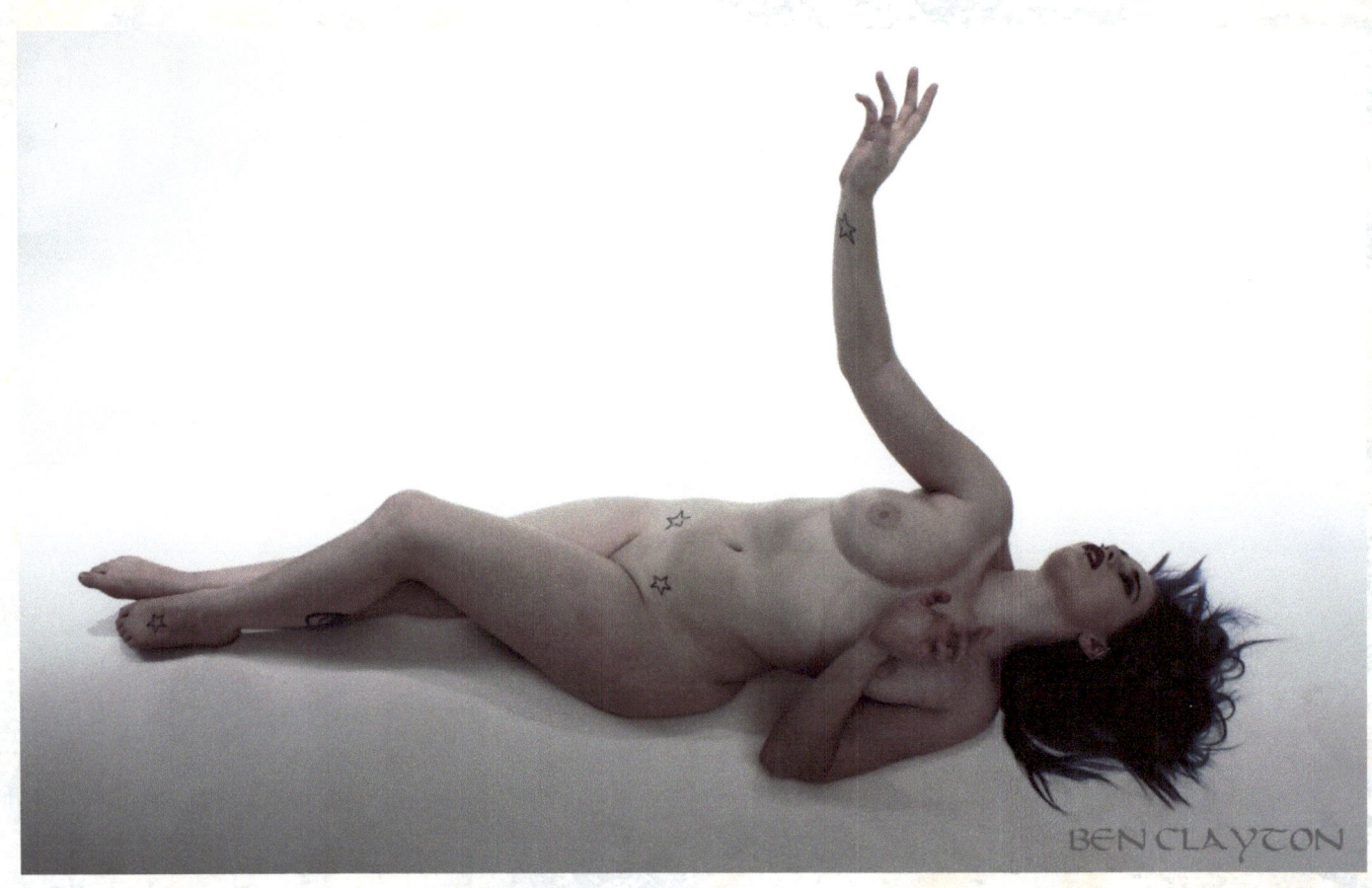

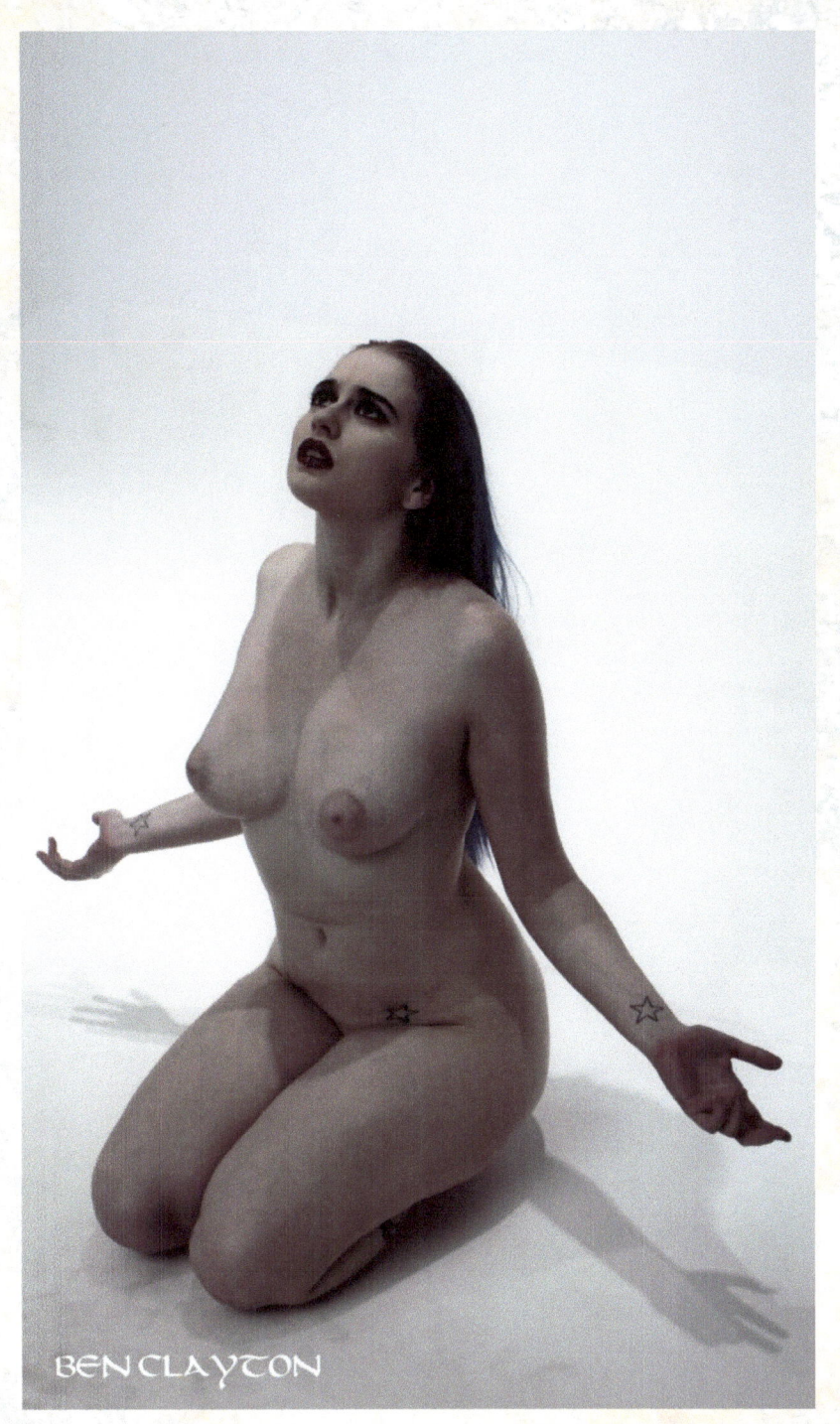

BEN CLAYTON

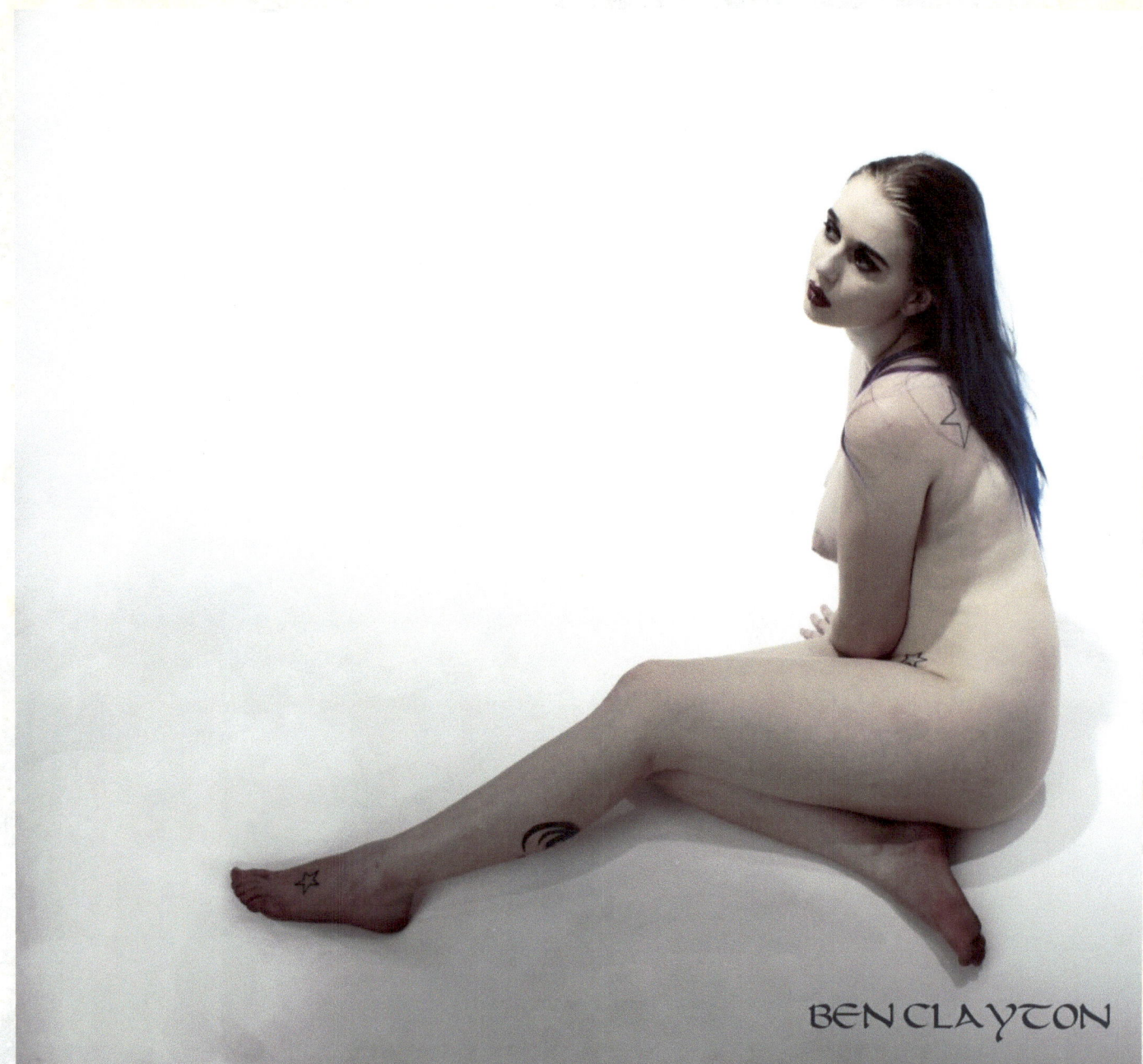

BEN CLAYTON

BEN CLAYTON

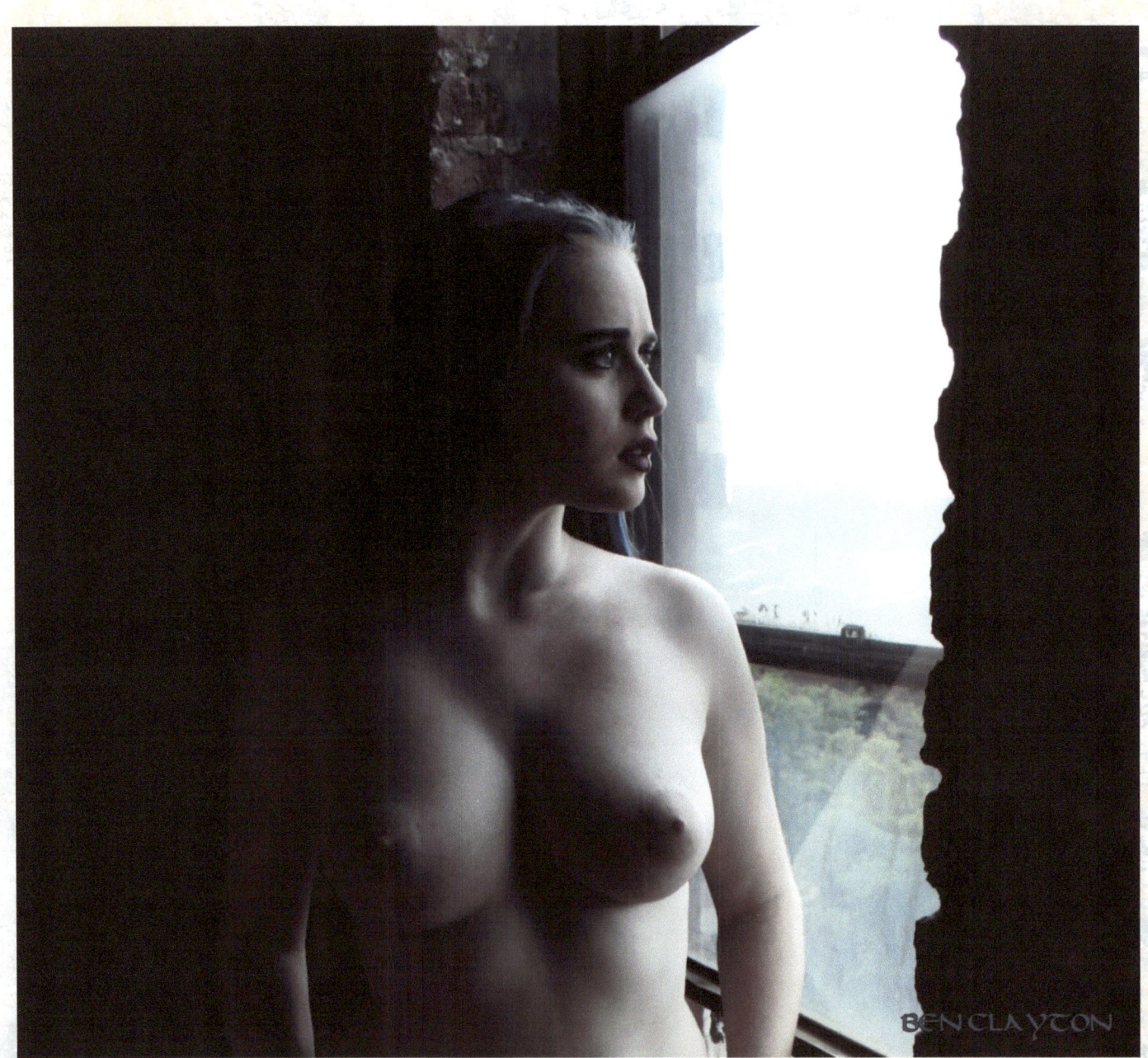

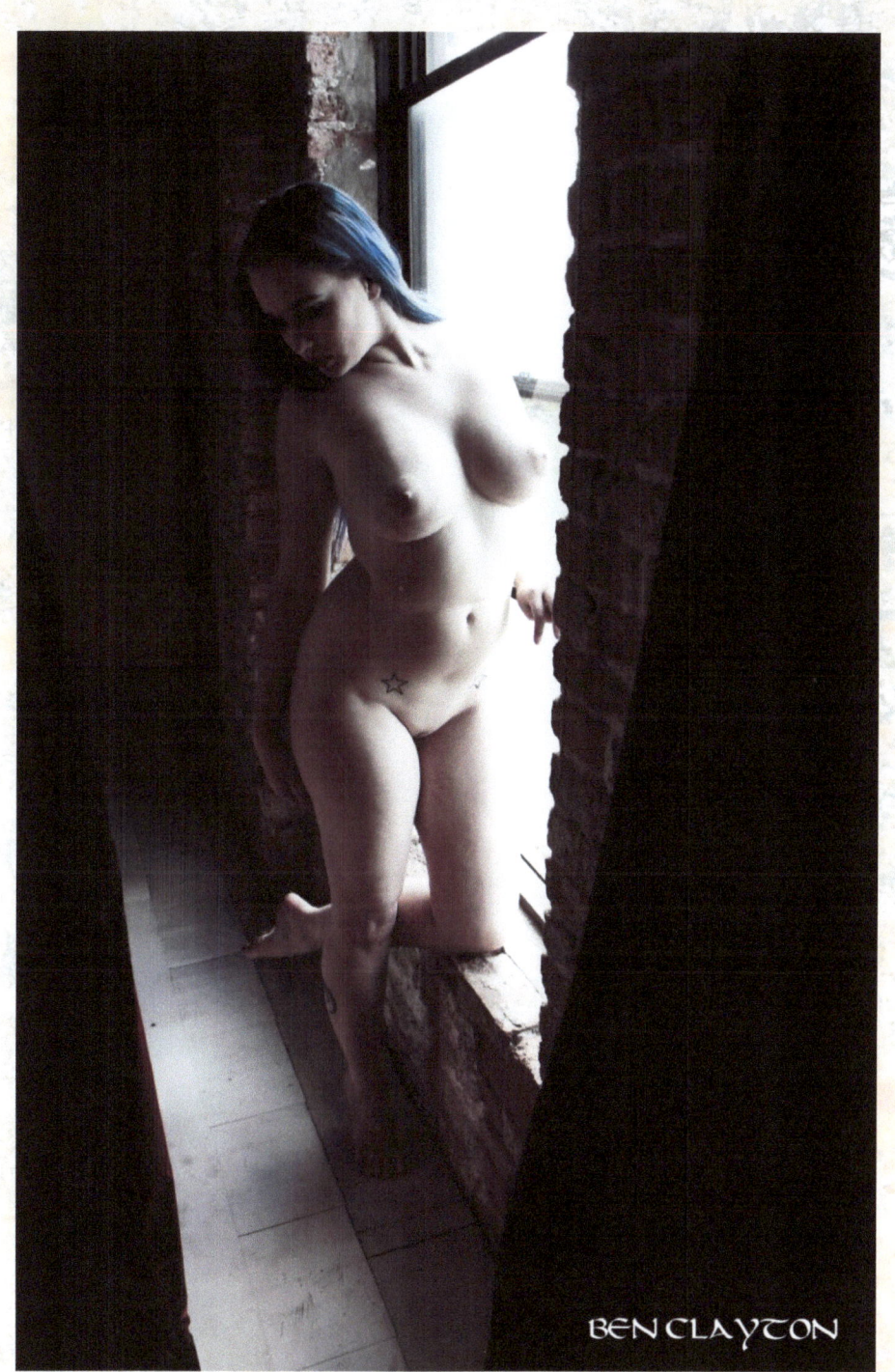
BEN CLAYTON

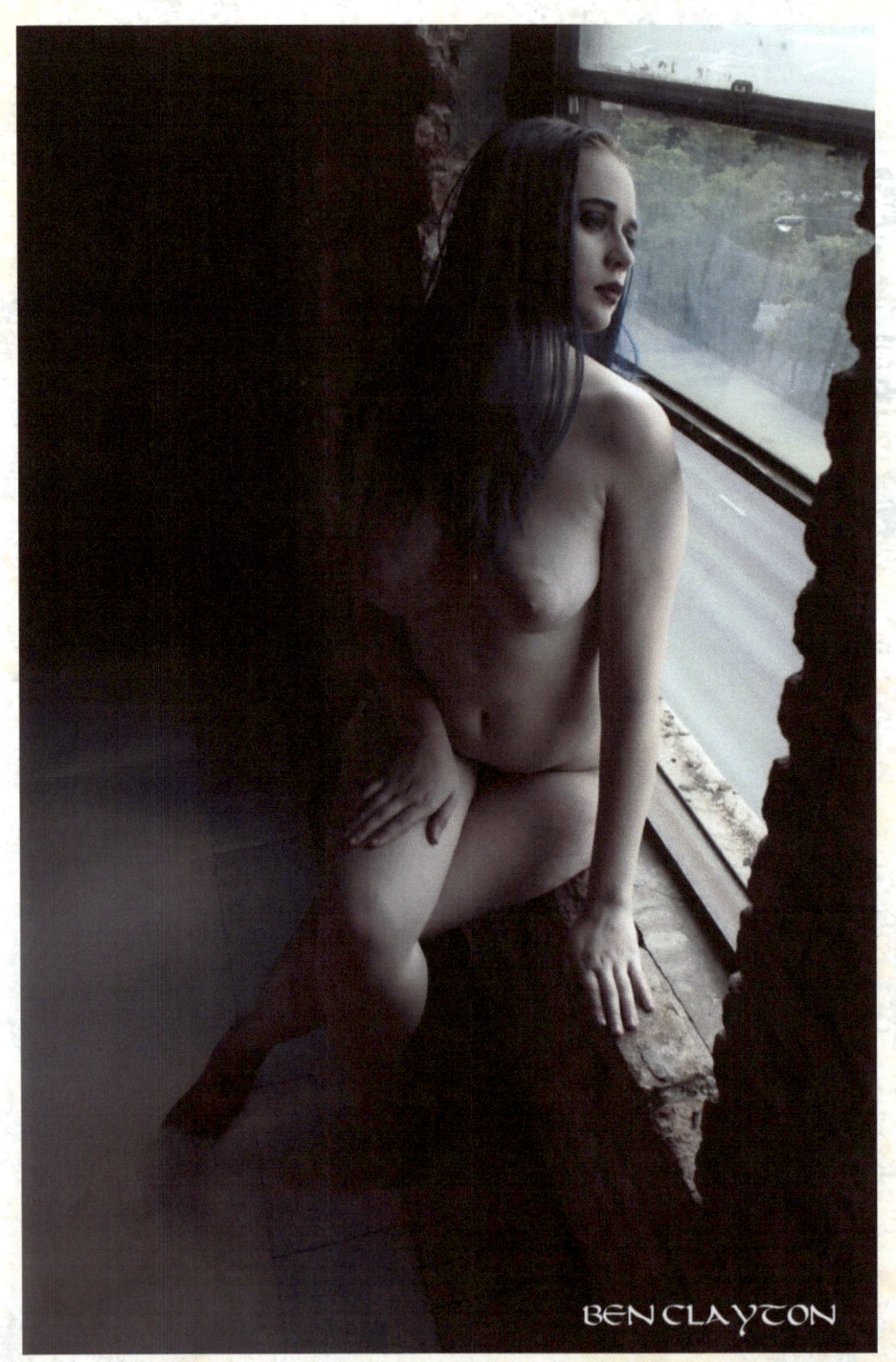

BEN CLAYTON

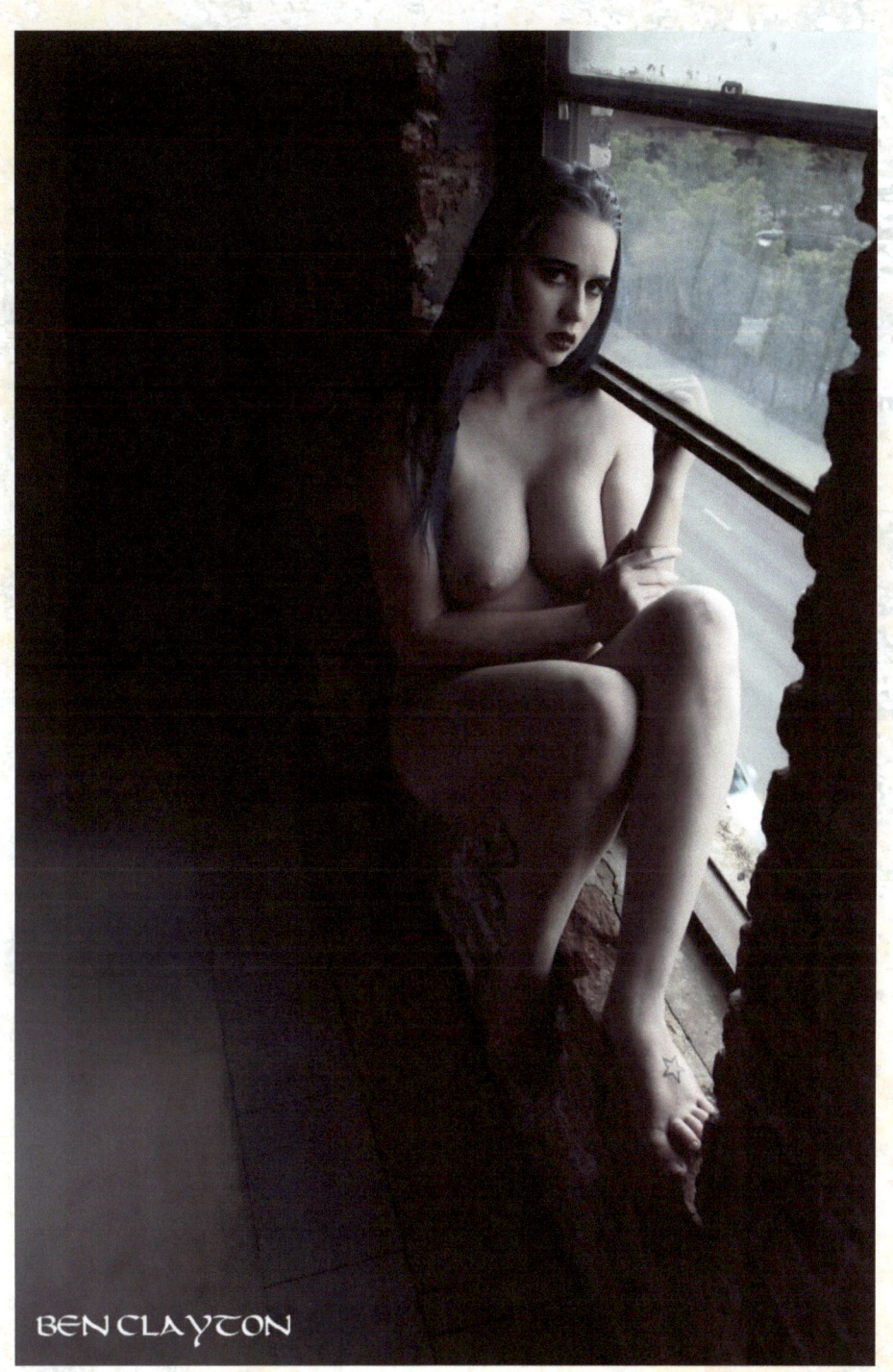

BEN CLAYTON

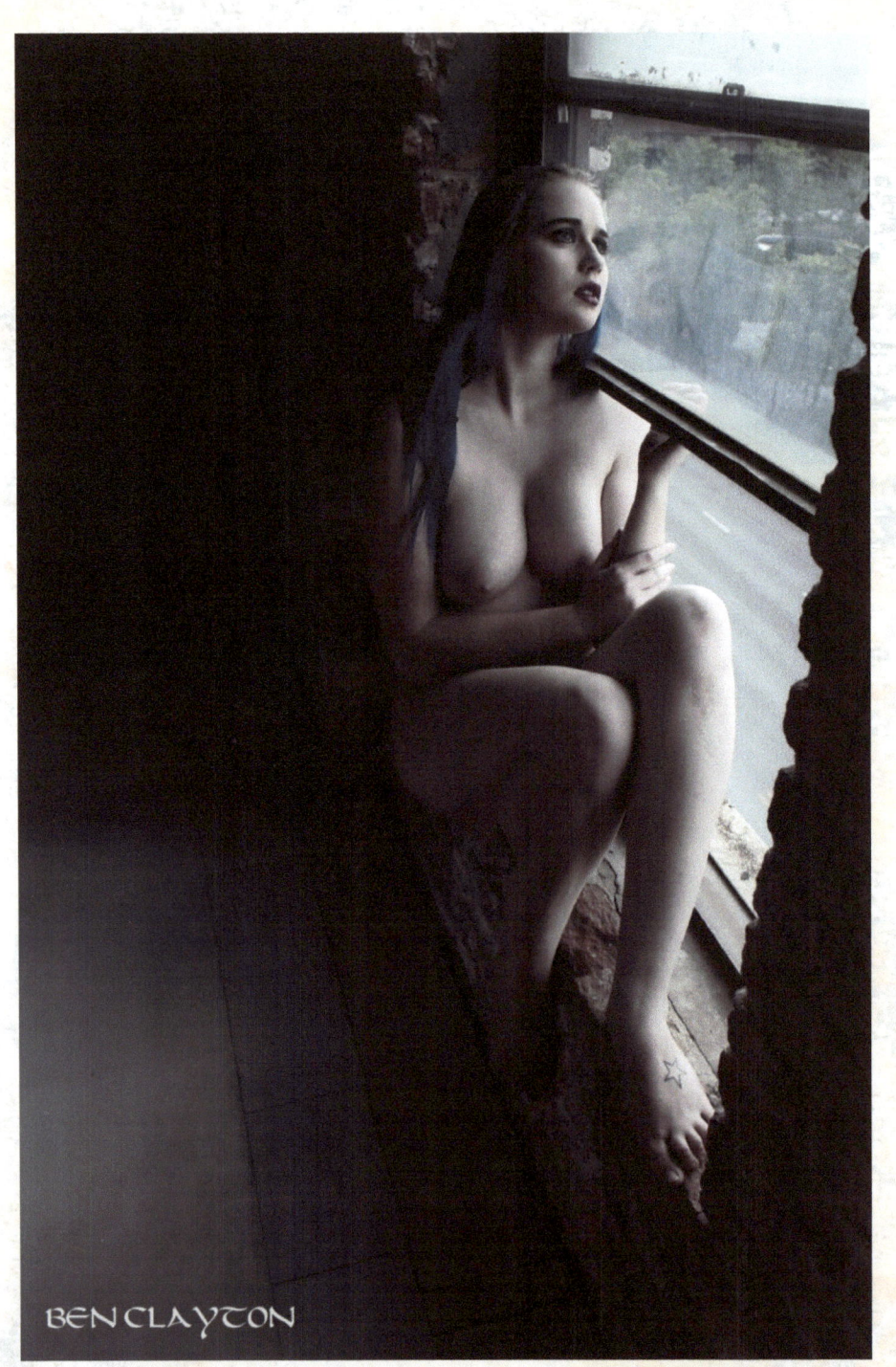

BEN CLAYTON

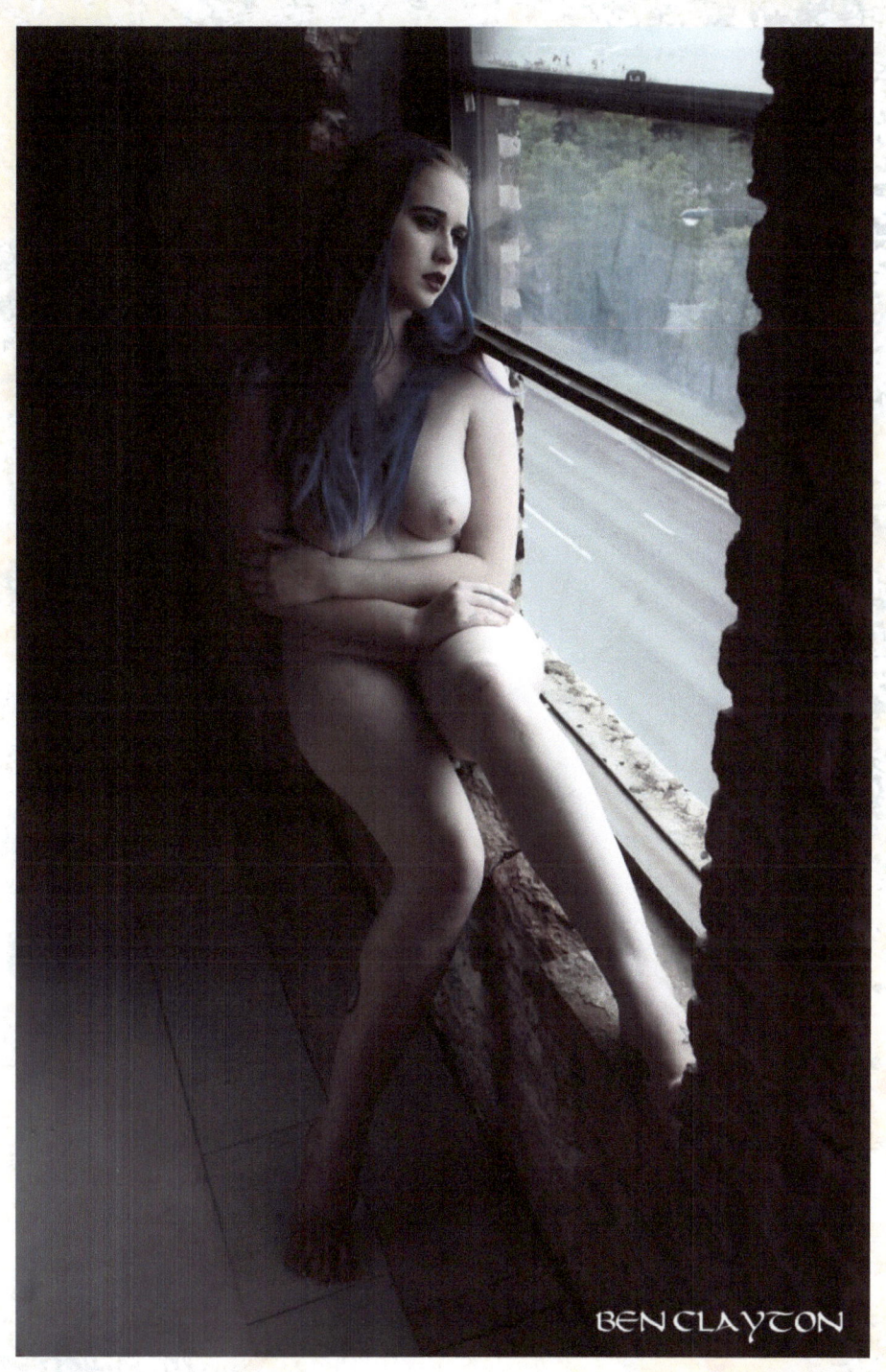

BEN CLAYTON

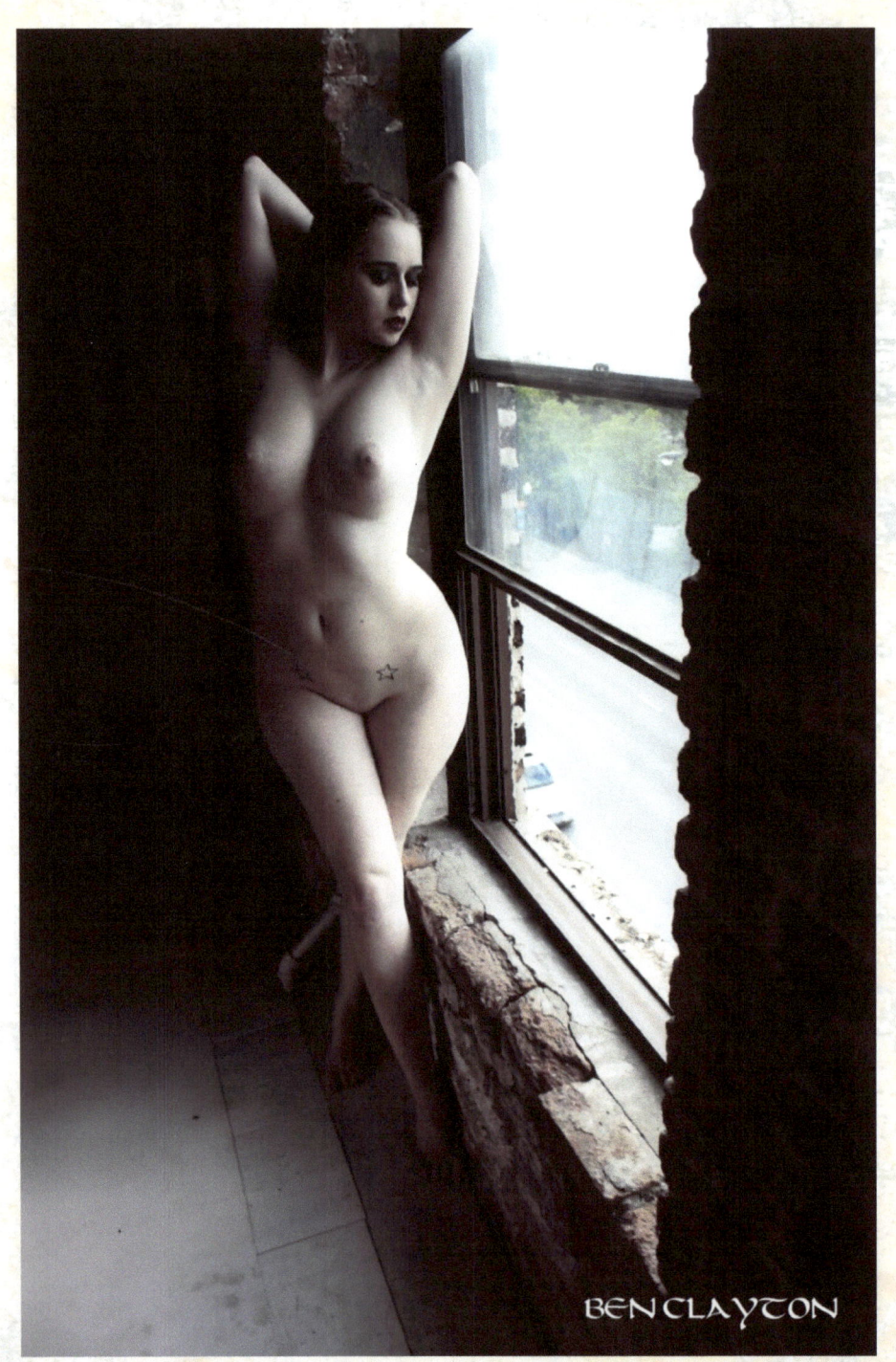

BEN CLAYTON

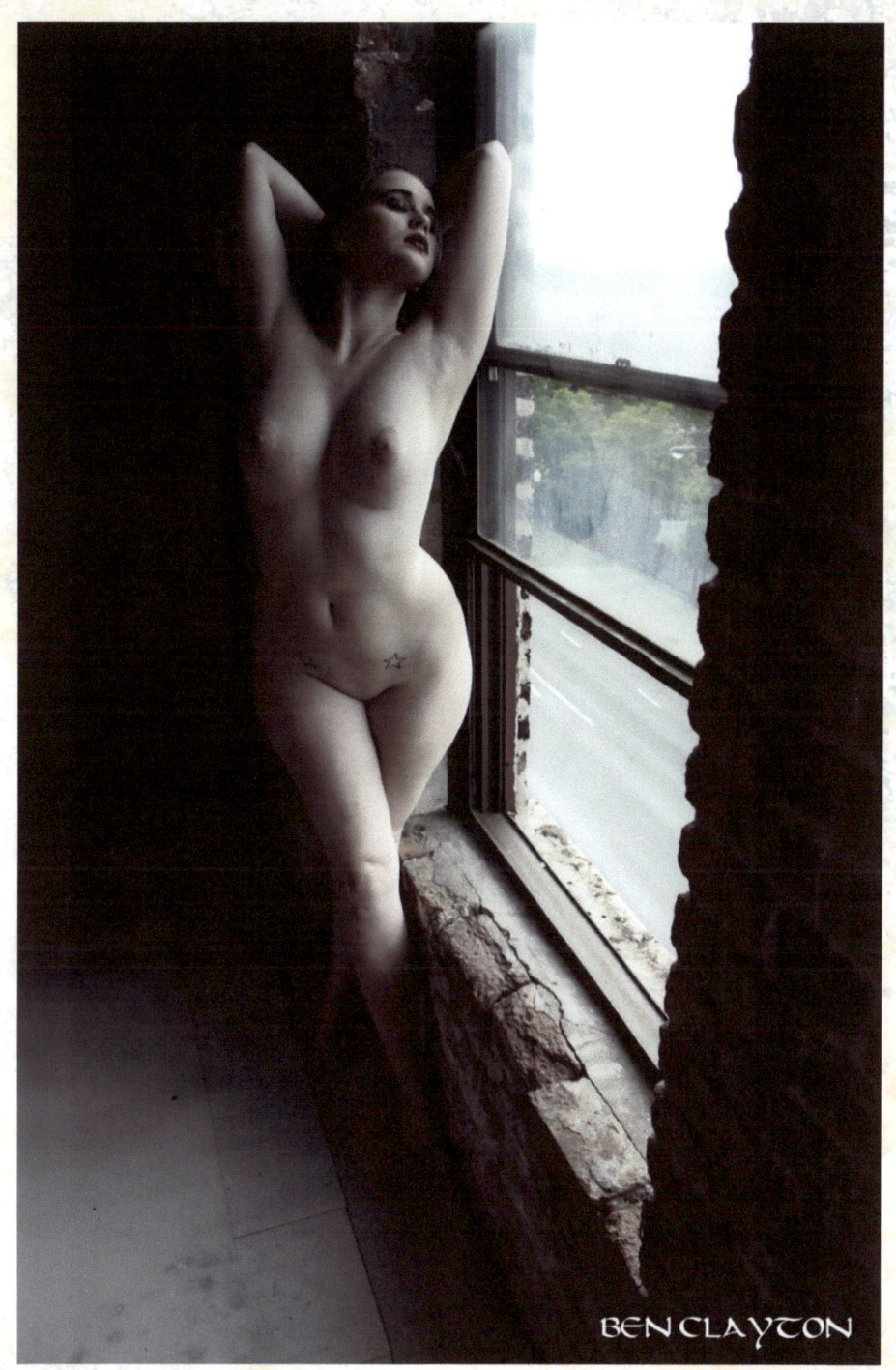

BEN CLAYTON

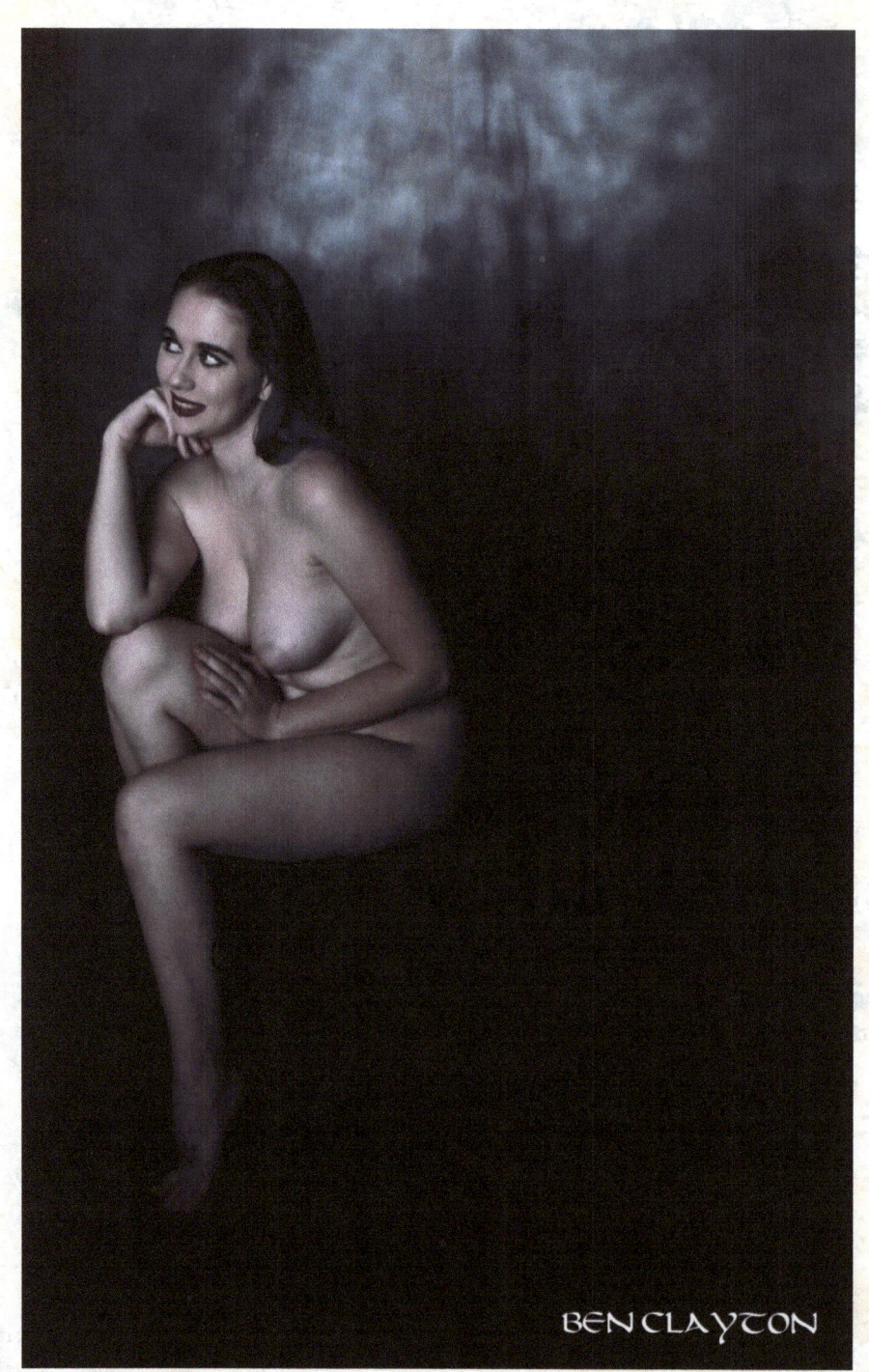

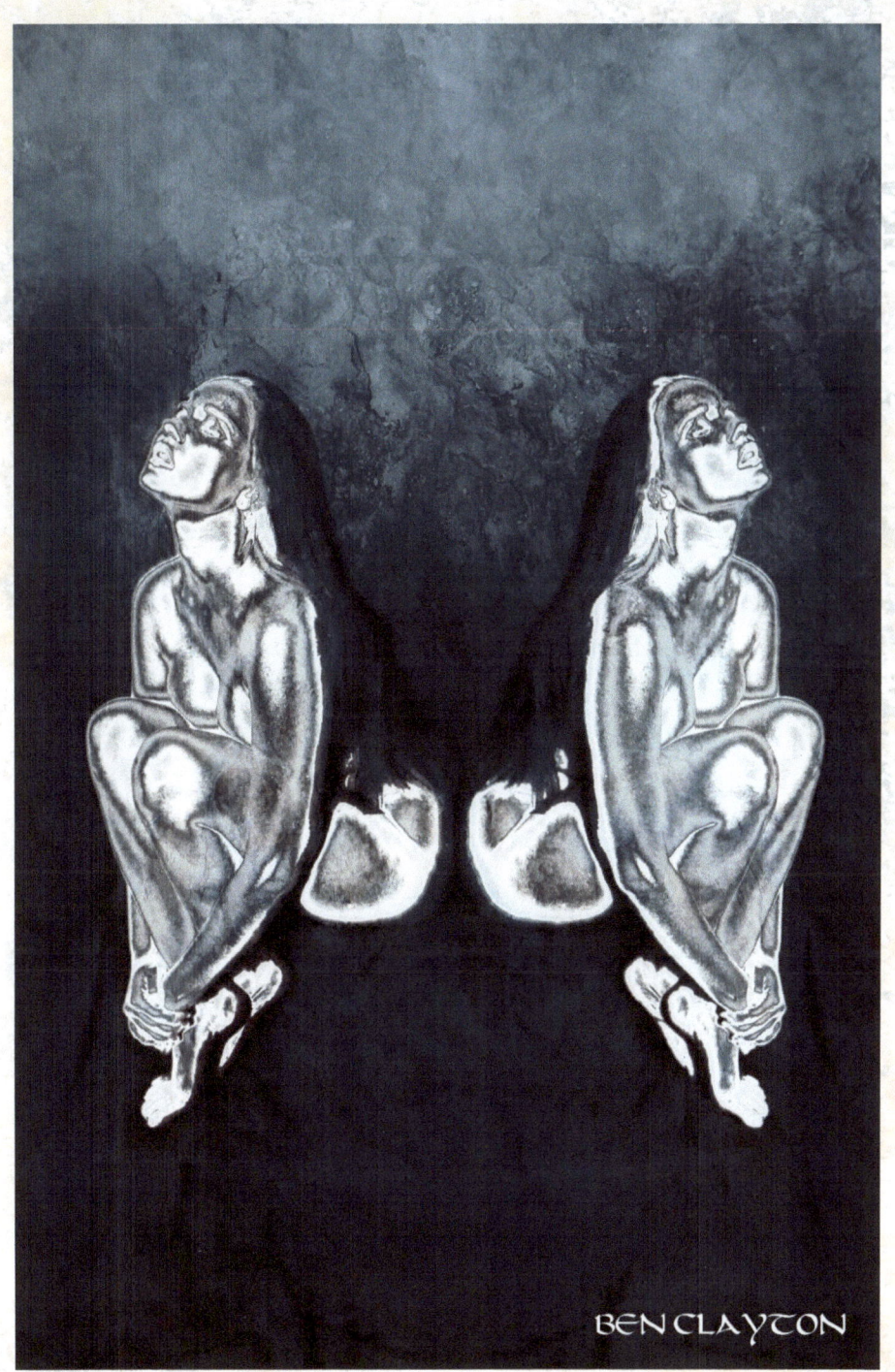

BEN CLAYTON

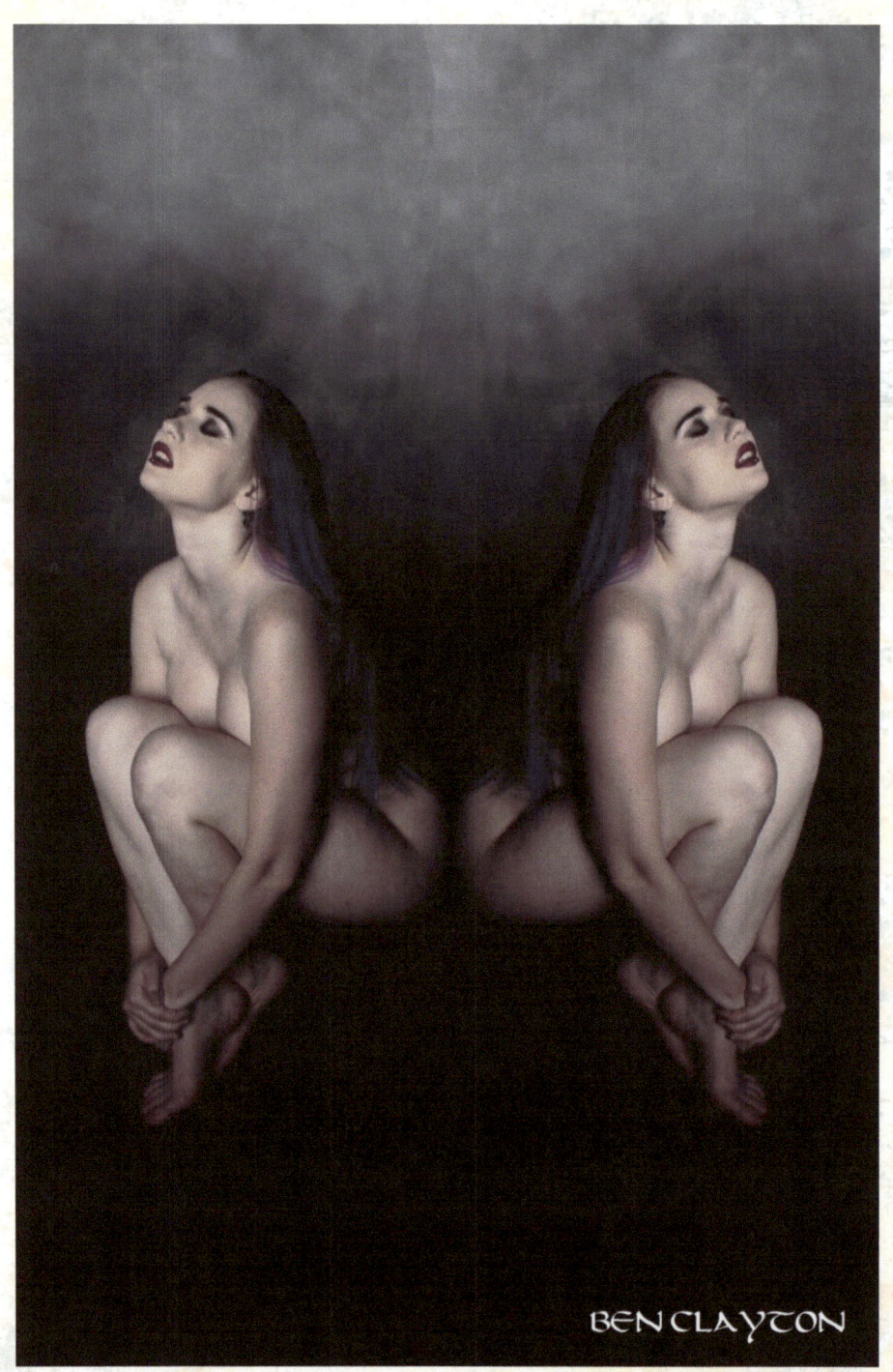

BEN CLAYTON

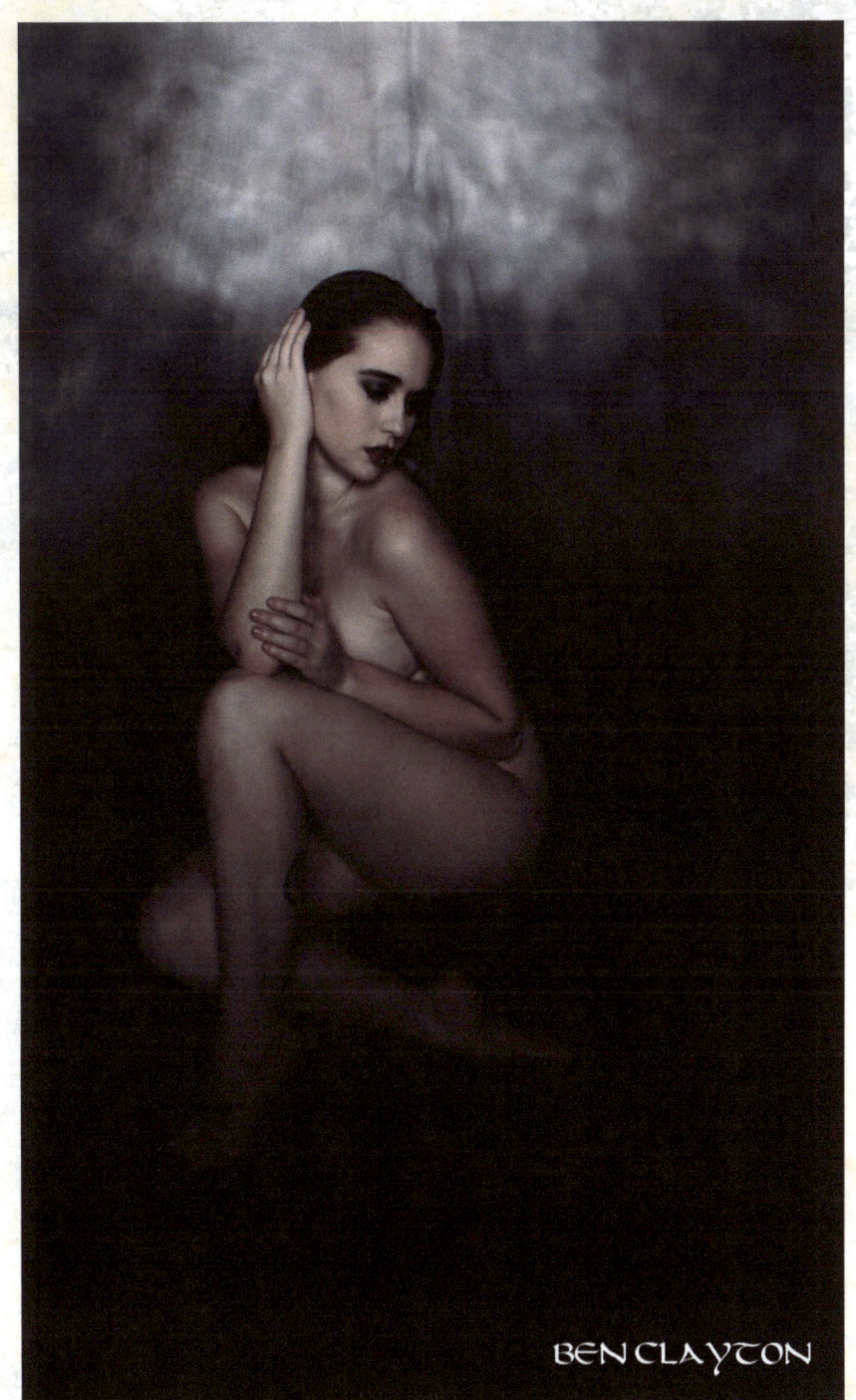

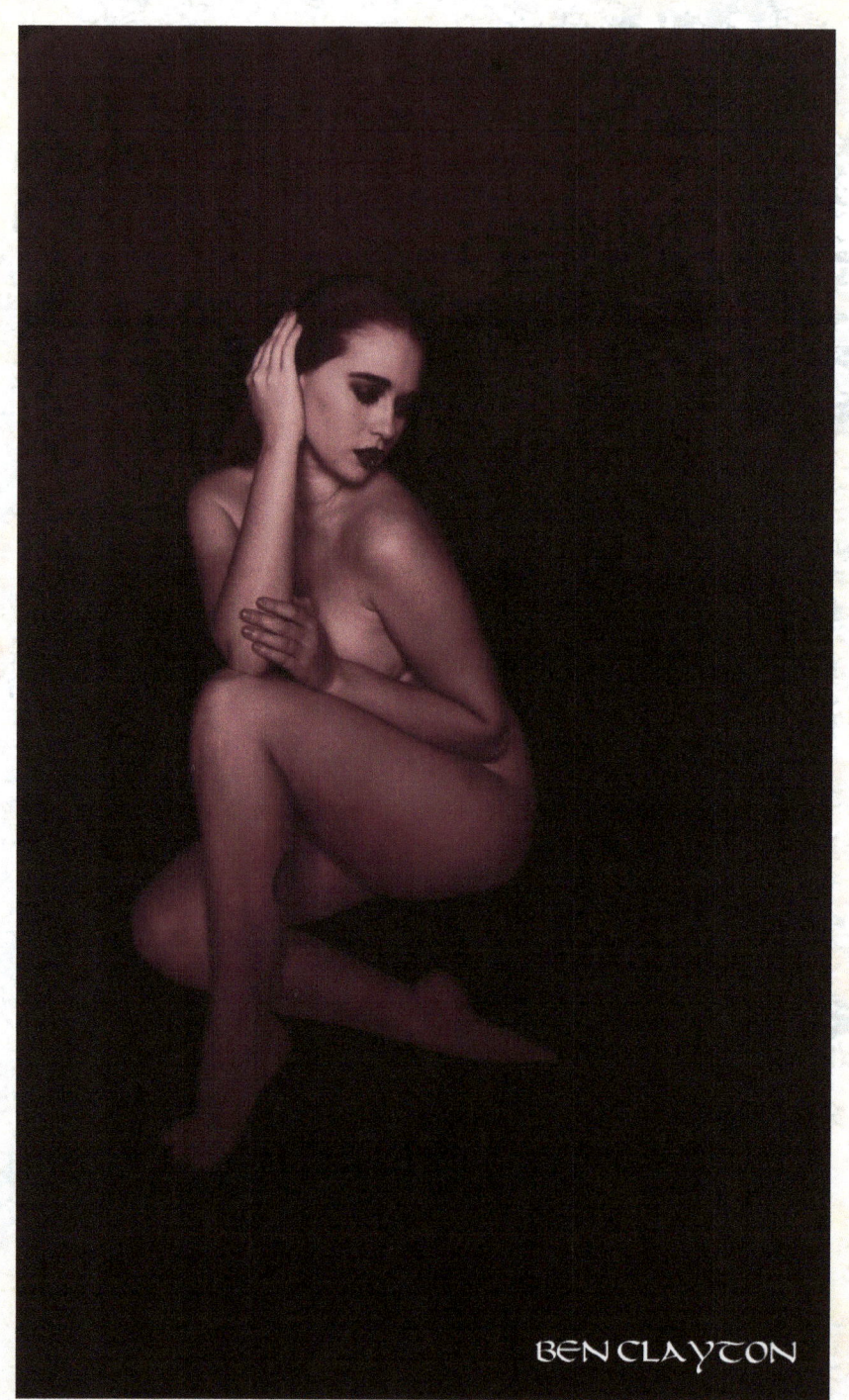

BEN CLAYTON

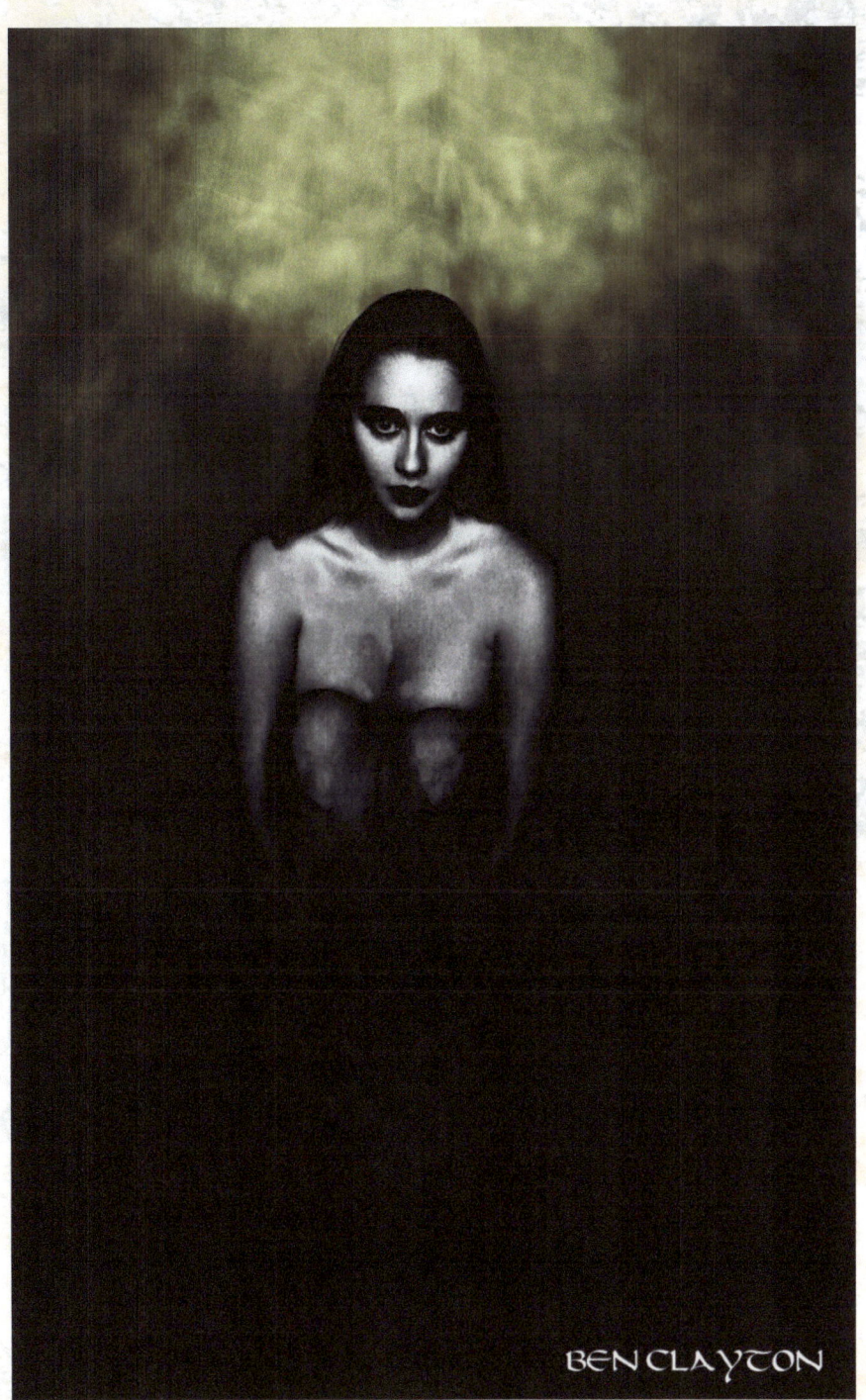

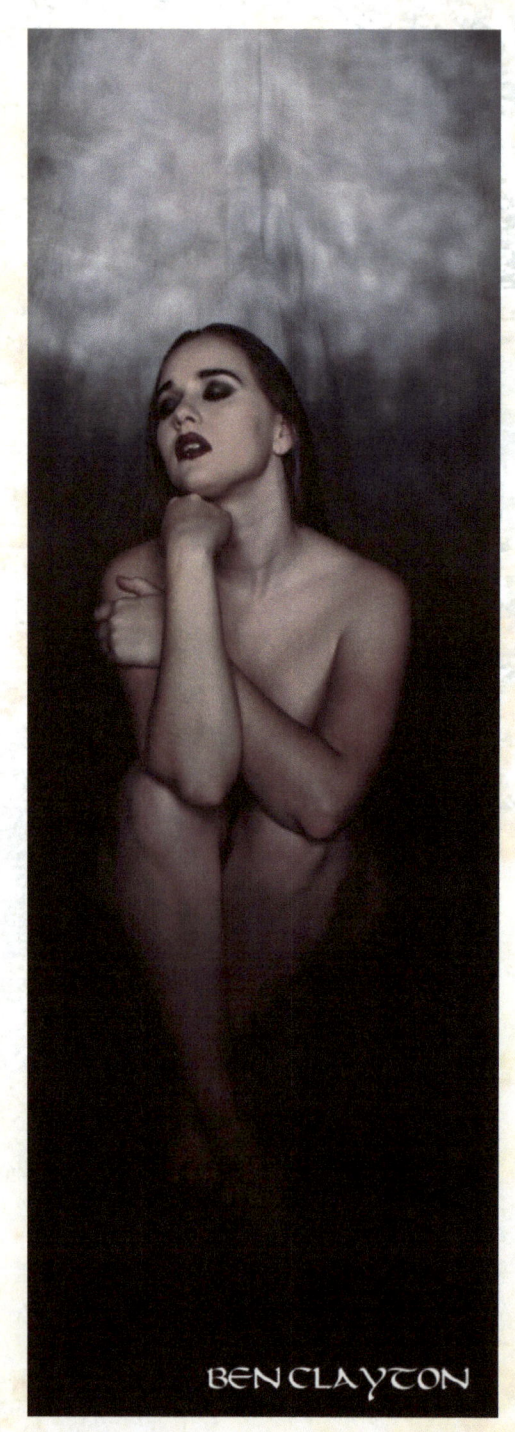

BEN CLAYTON

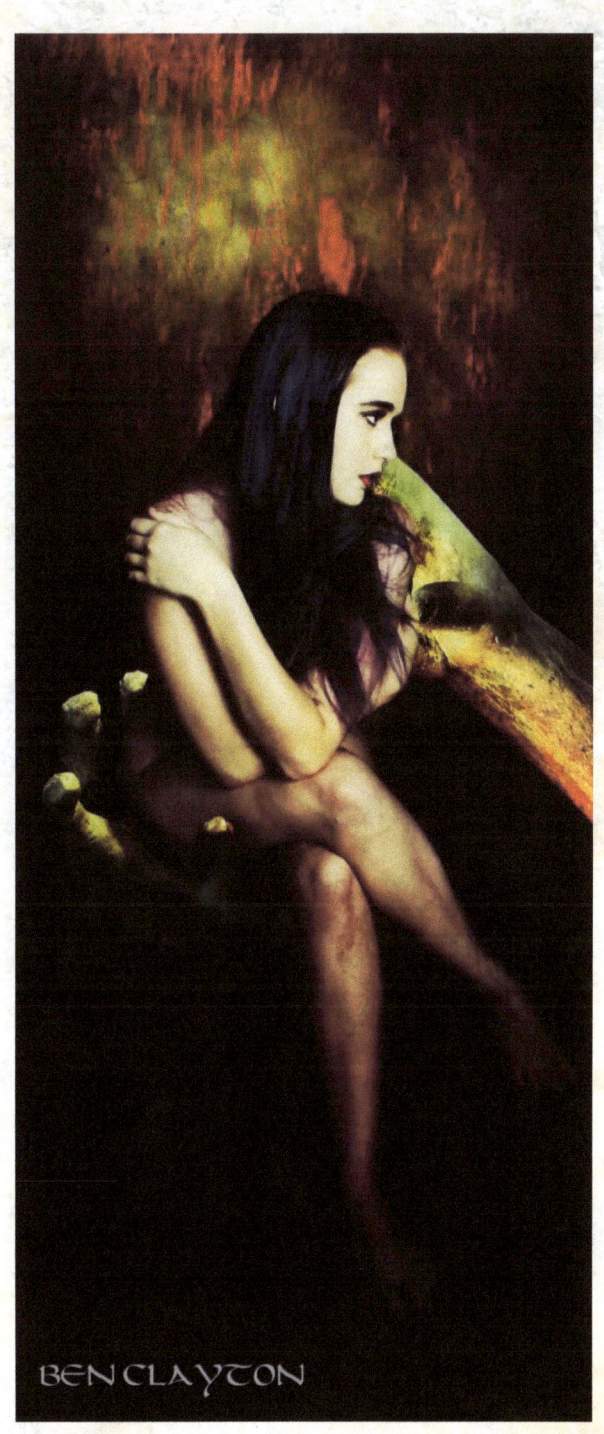

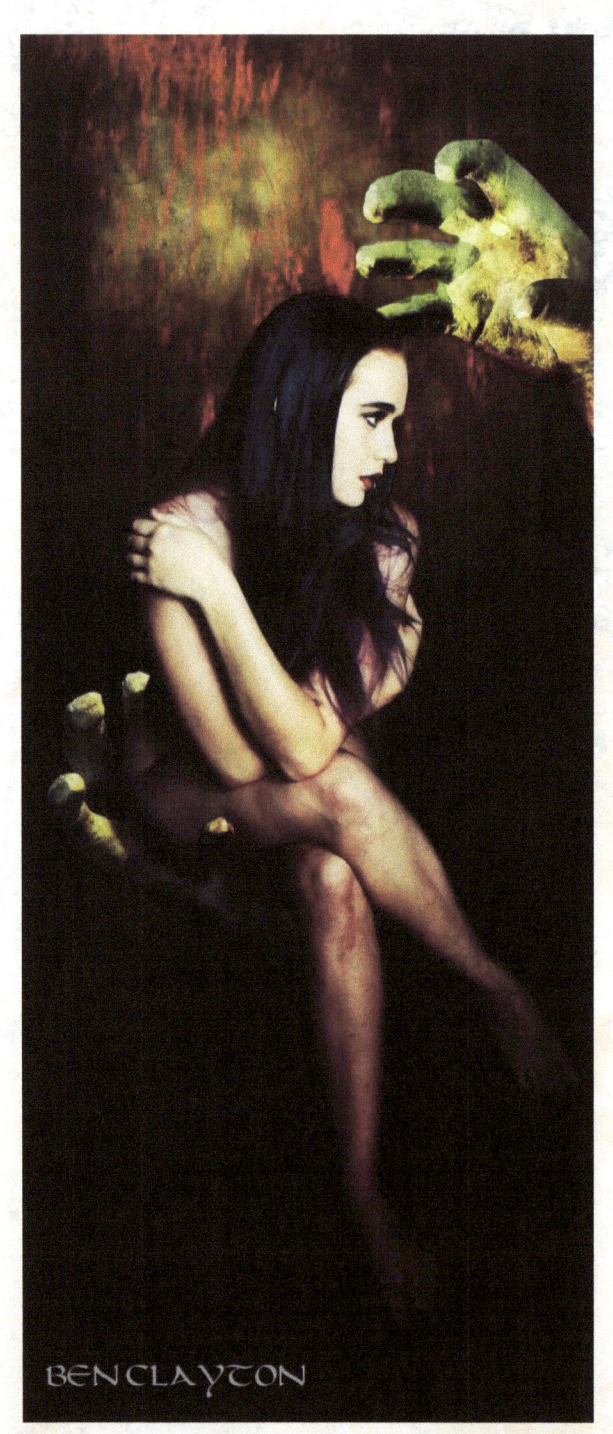

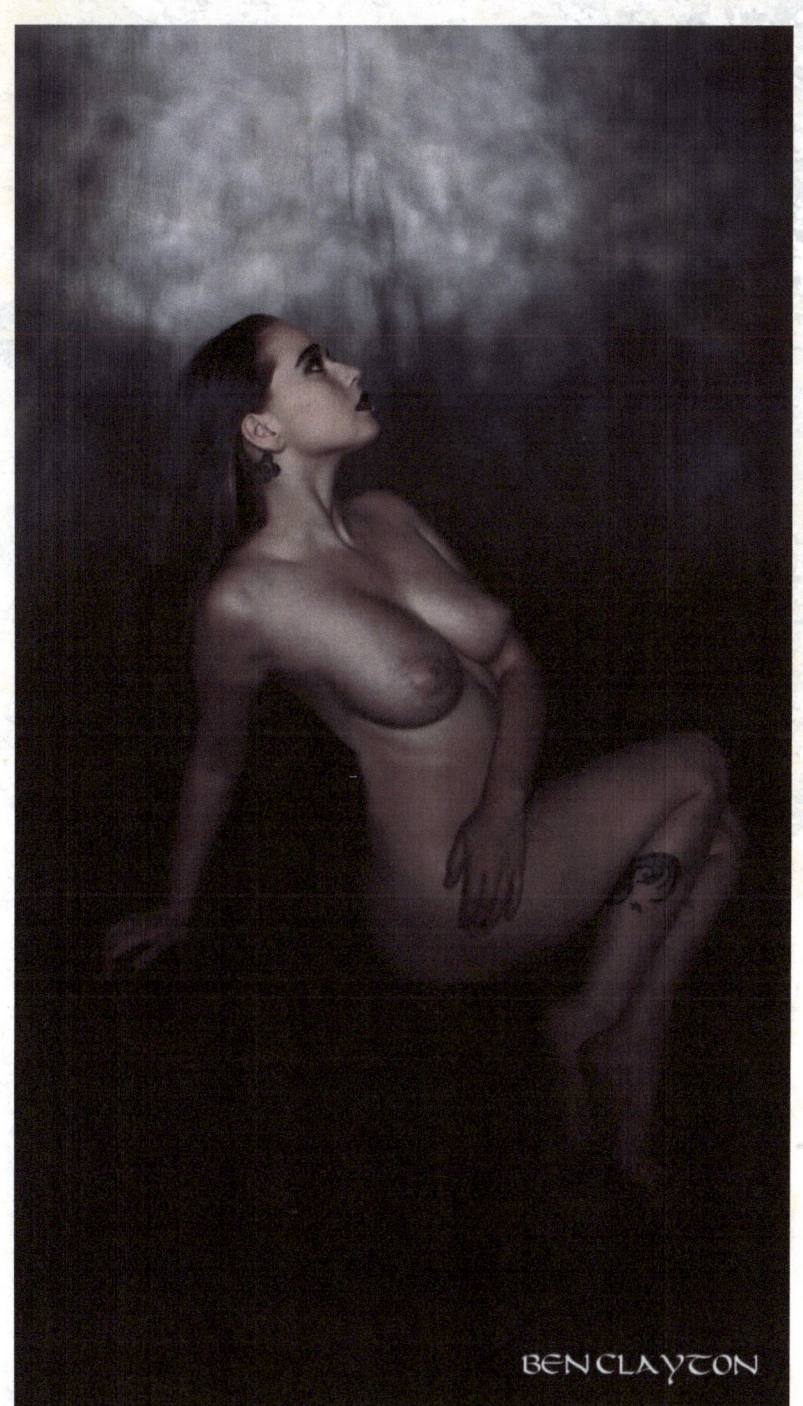

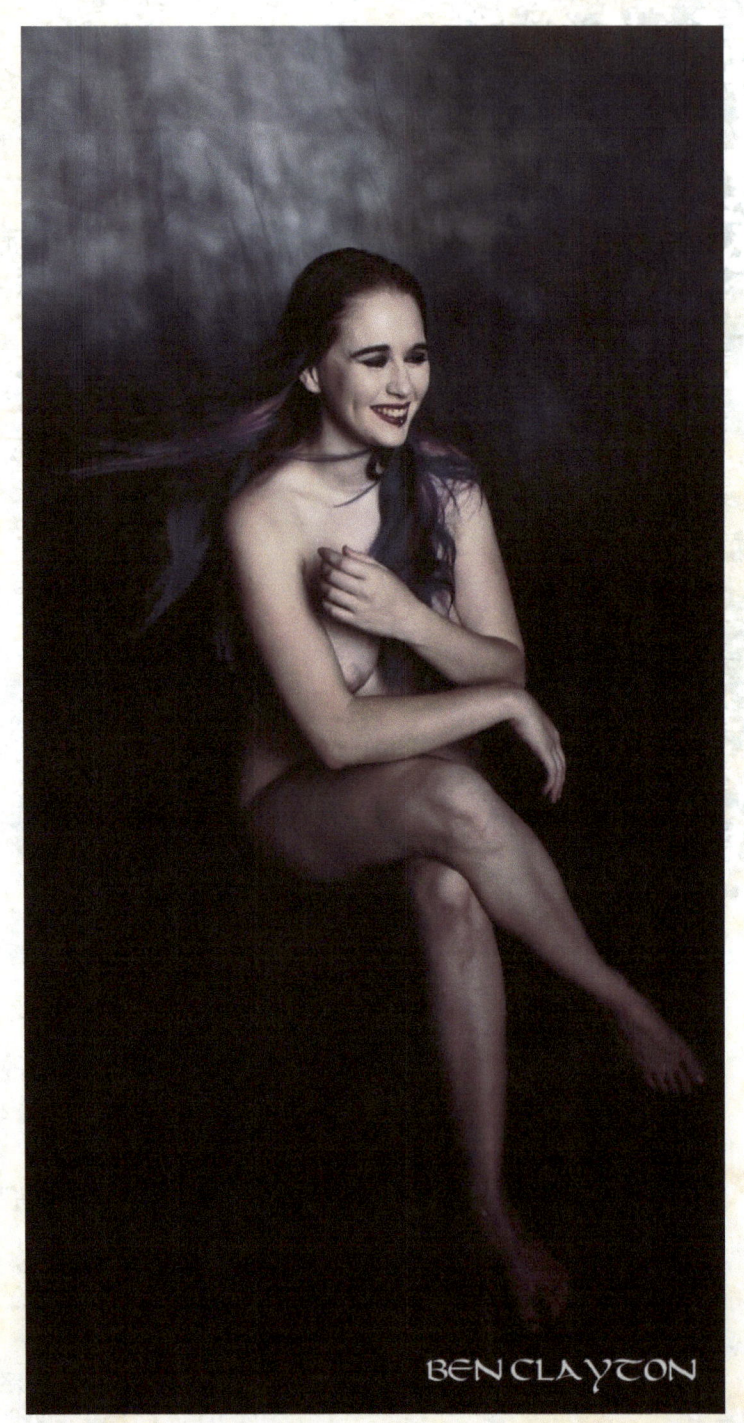

BEN CLAYTON

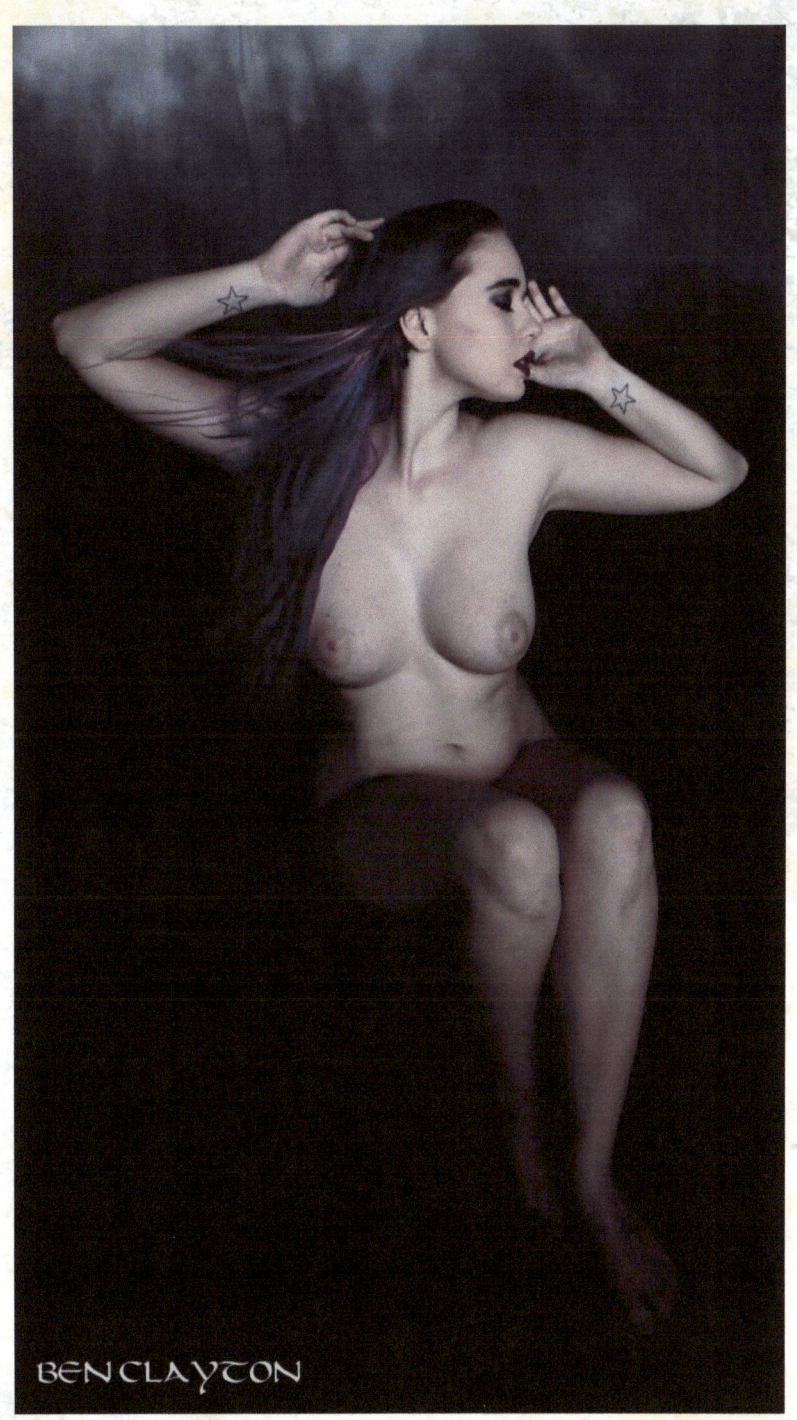

BEN CLAYTON

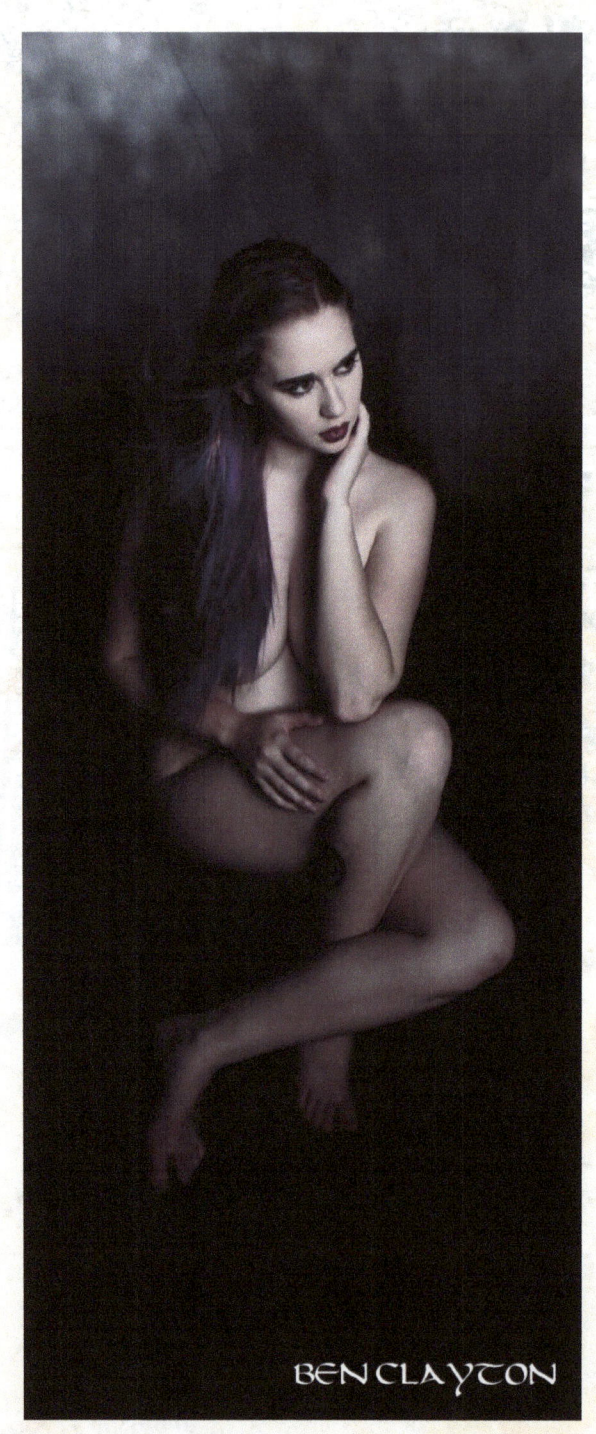

BEN CLAYTON

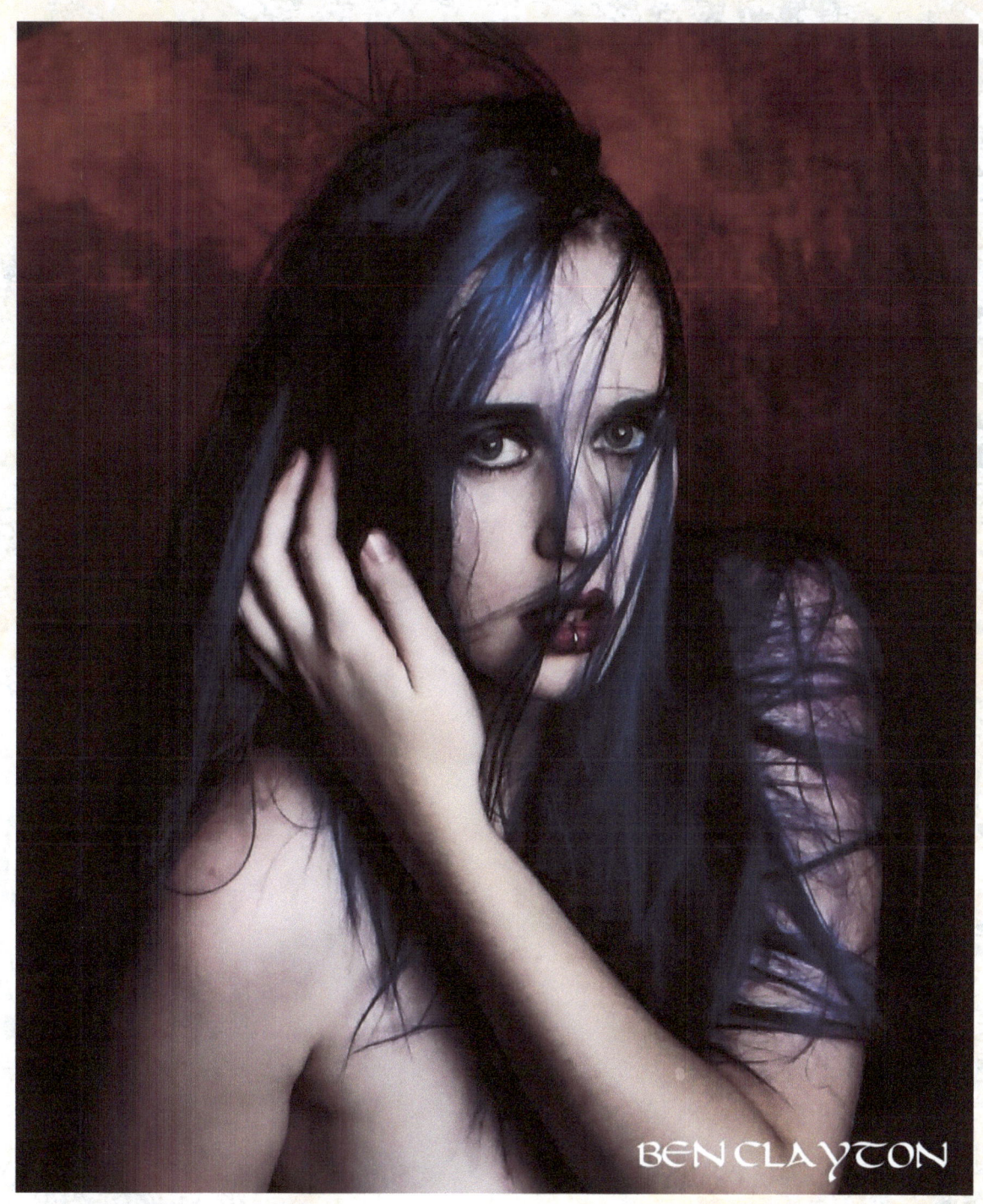

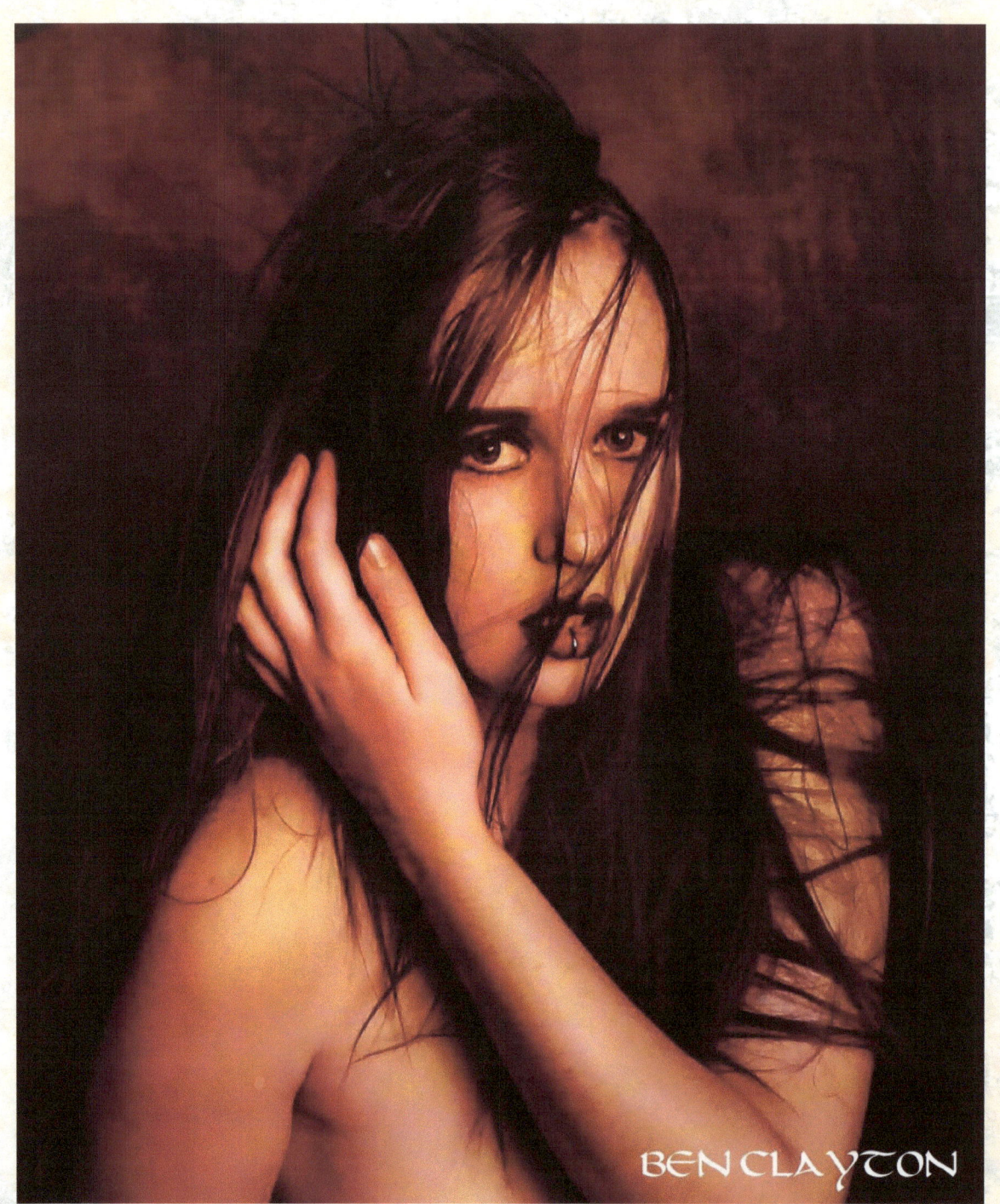

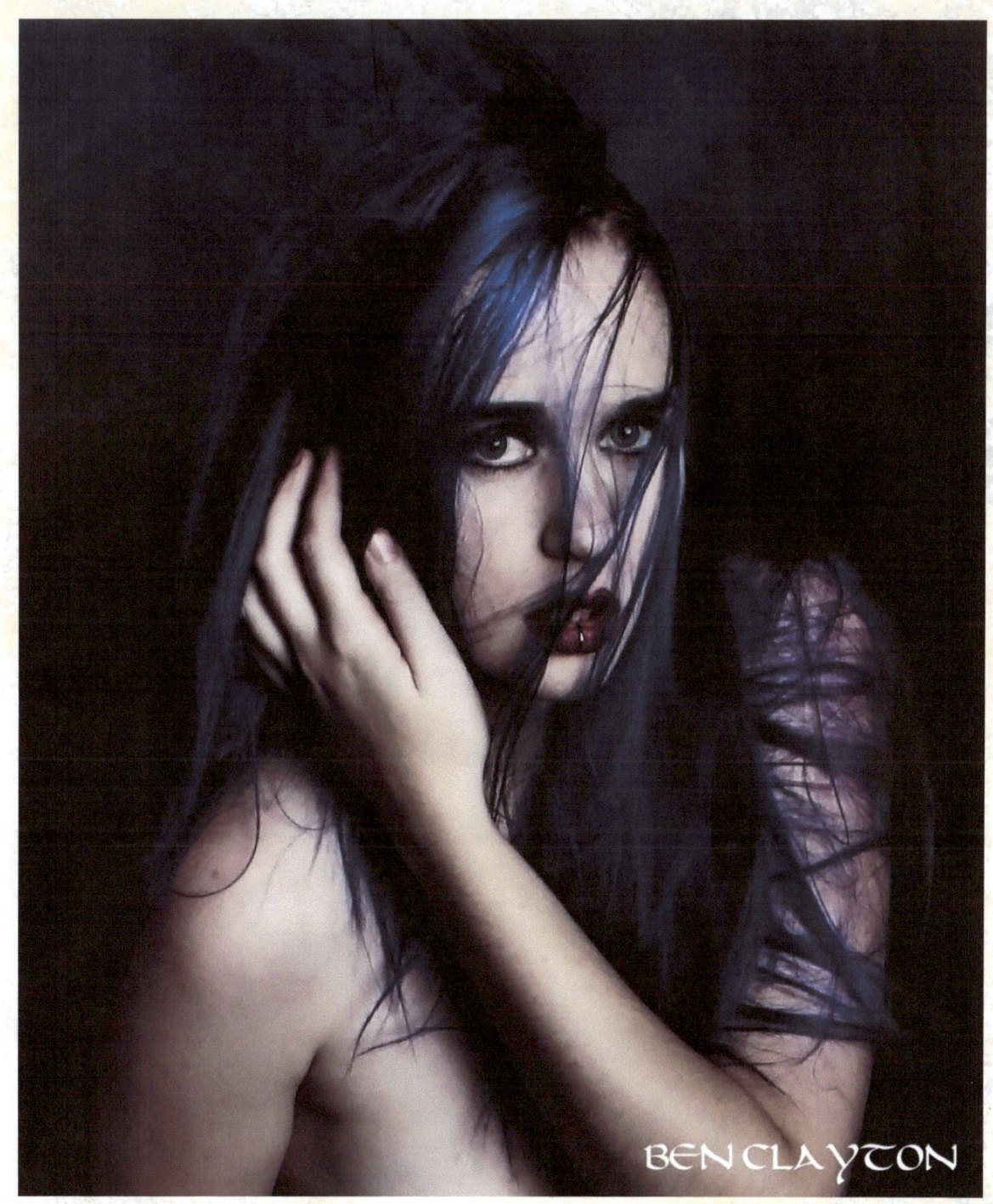
BEN CLAYTON

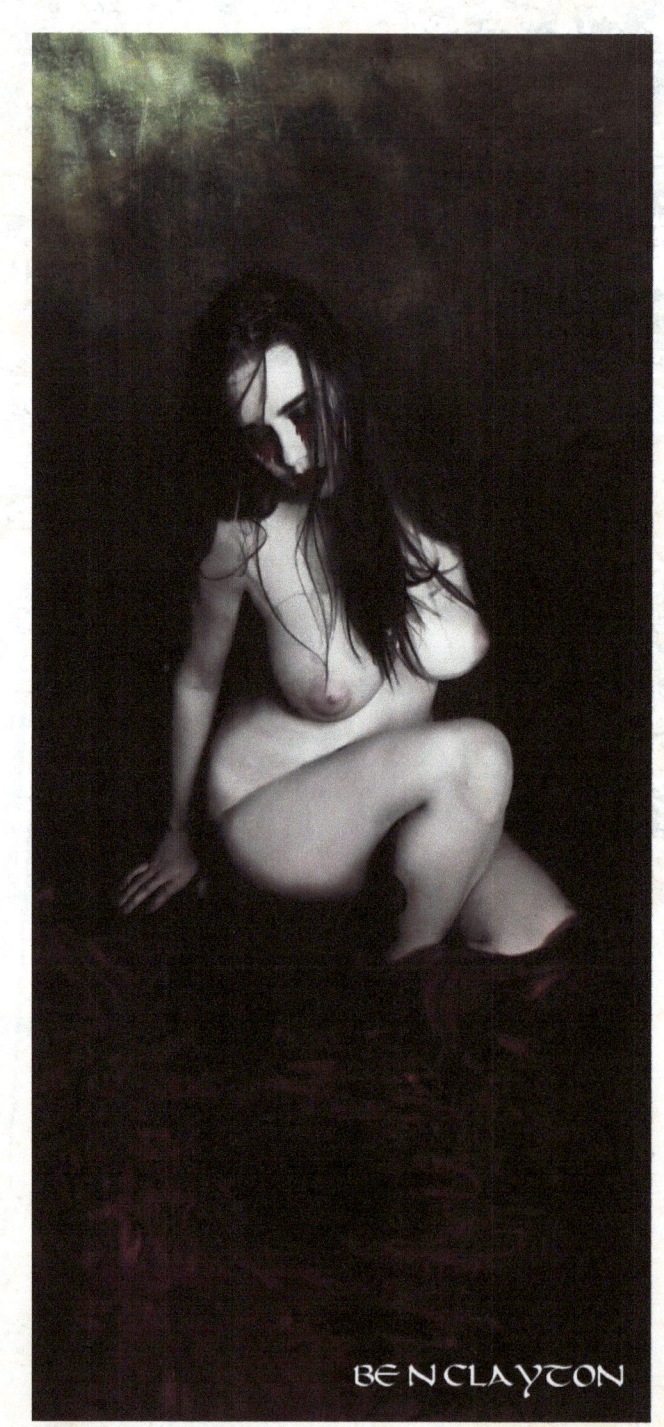

BEN CLAYTON

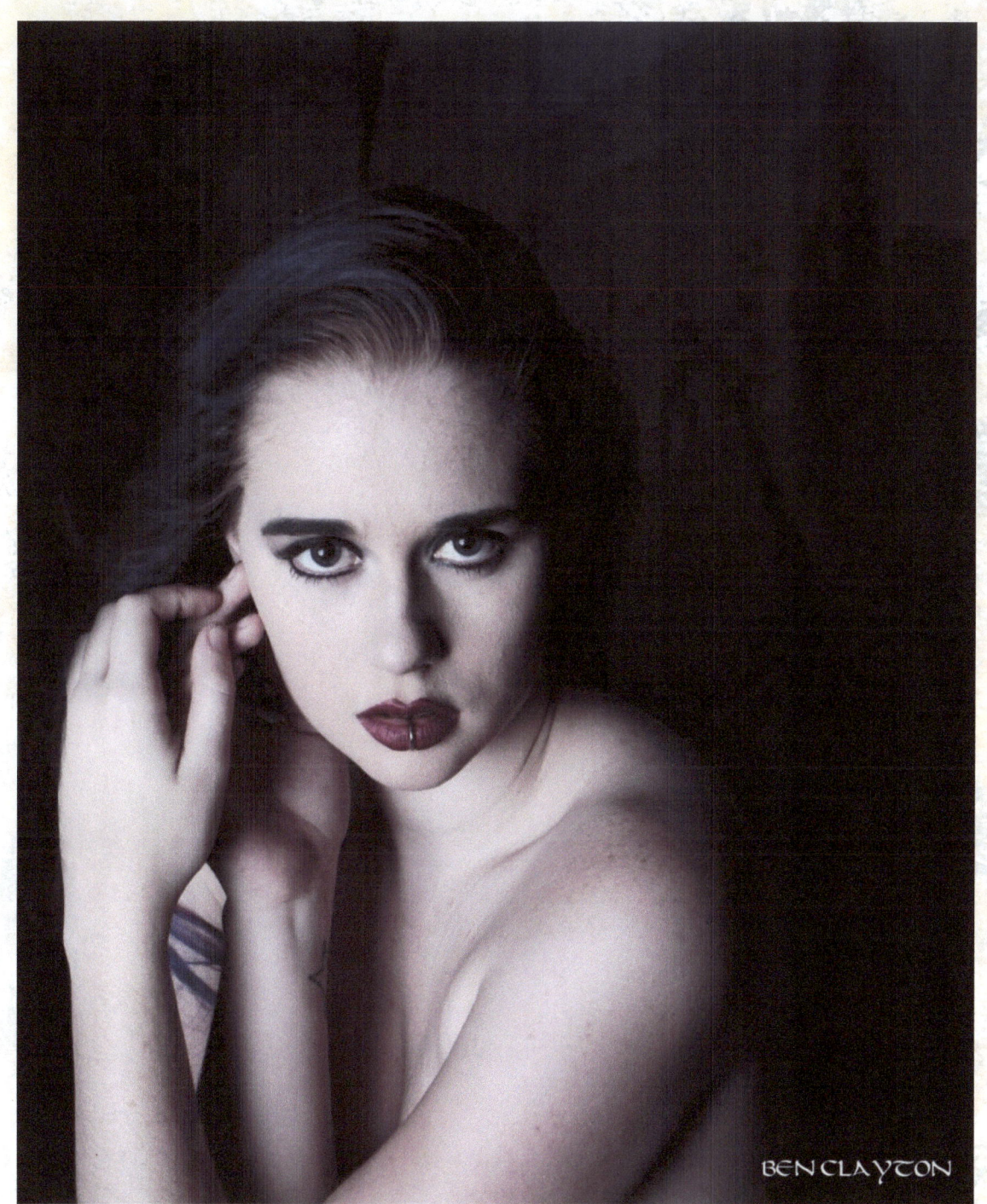
BEN CLAYTON

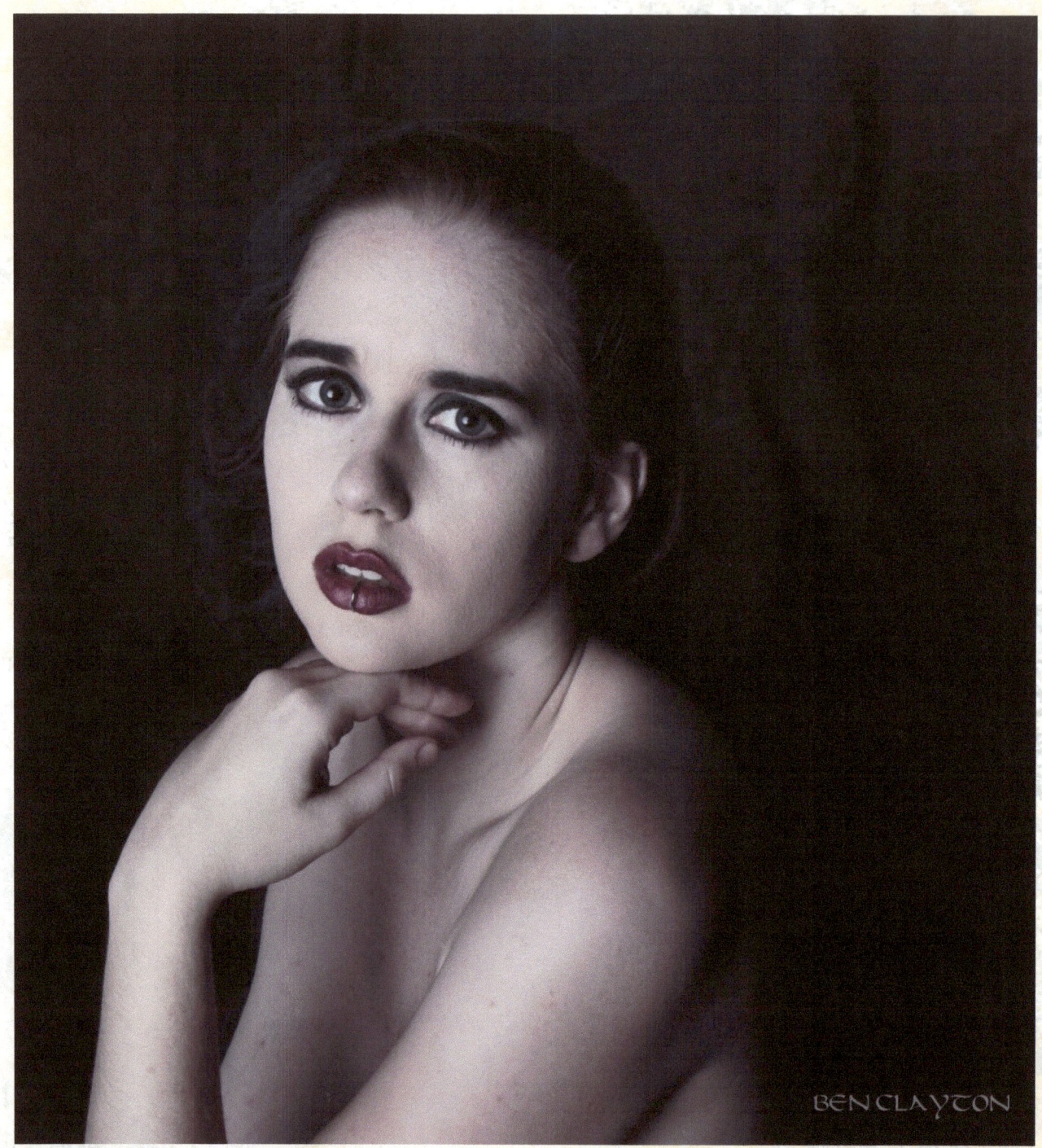

BEN CLAYTON

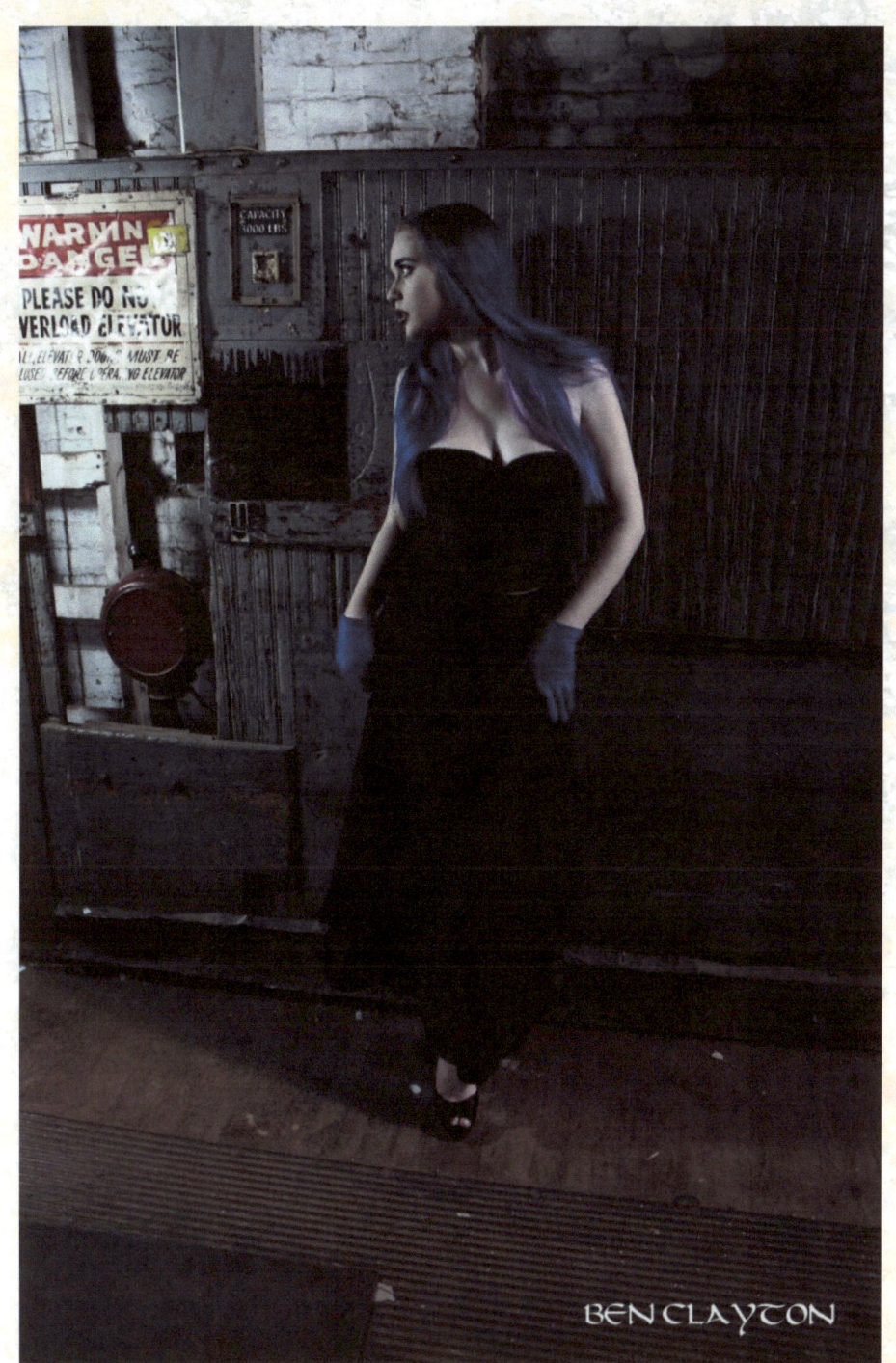

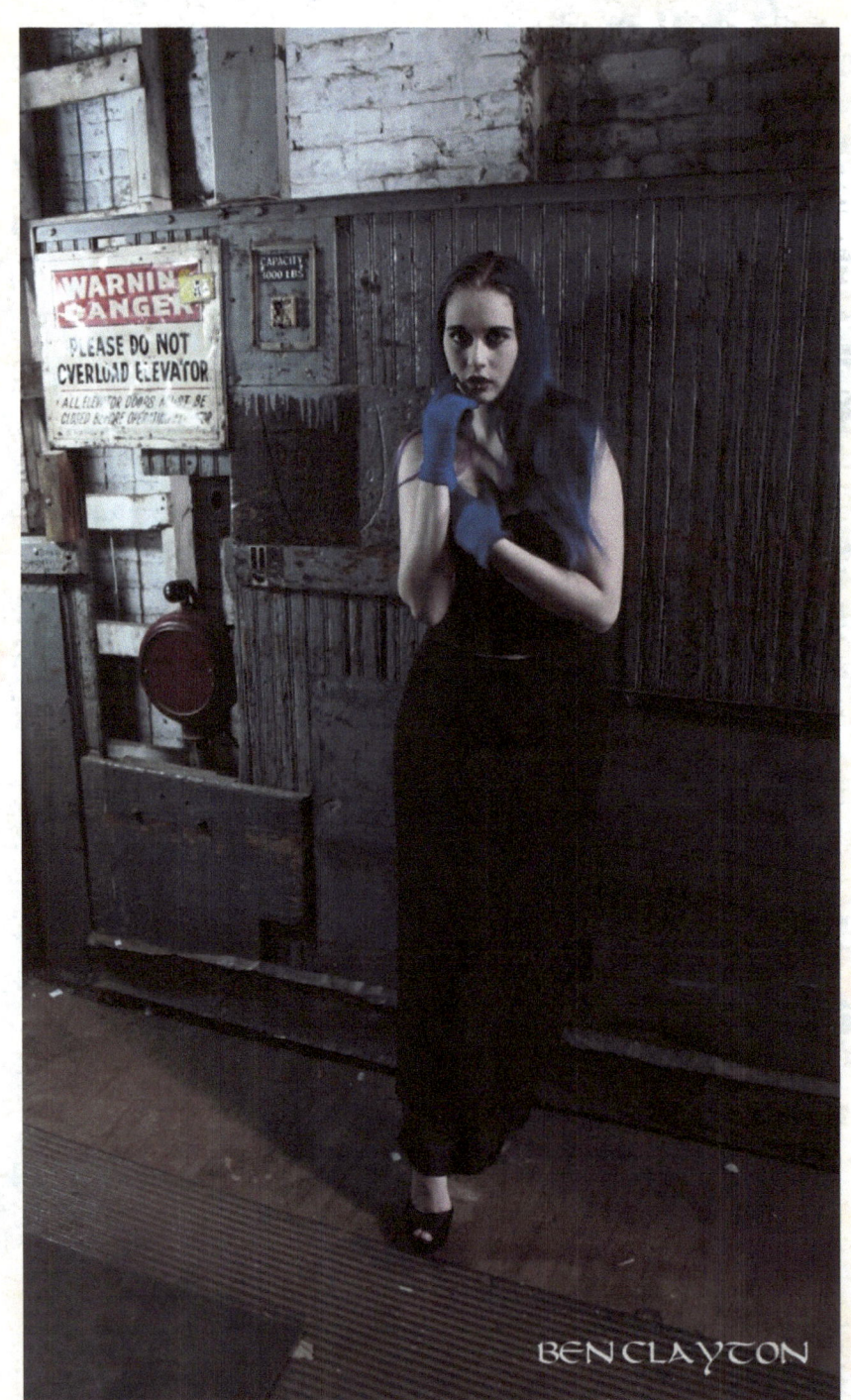

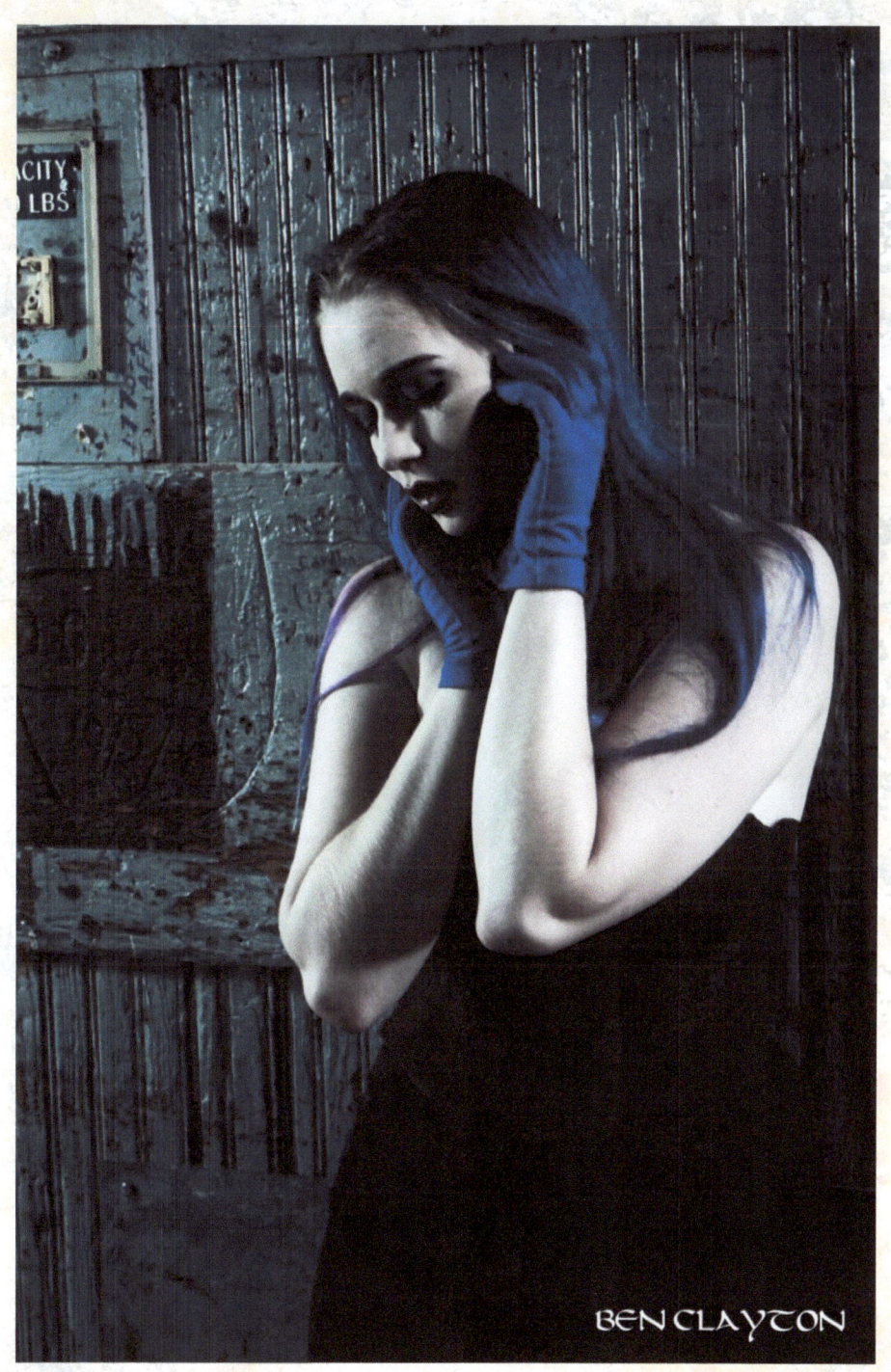

BEN CLAYTON

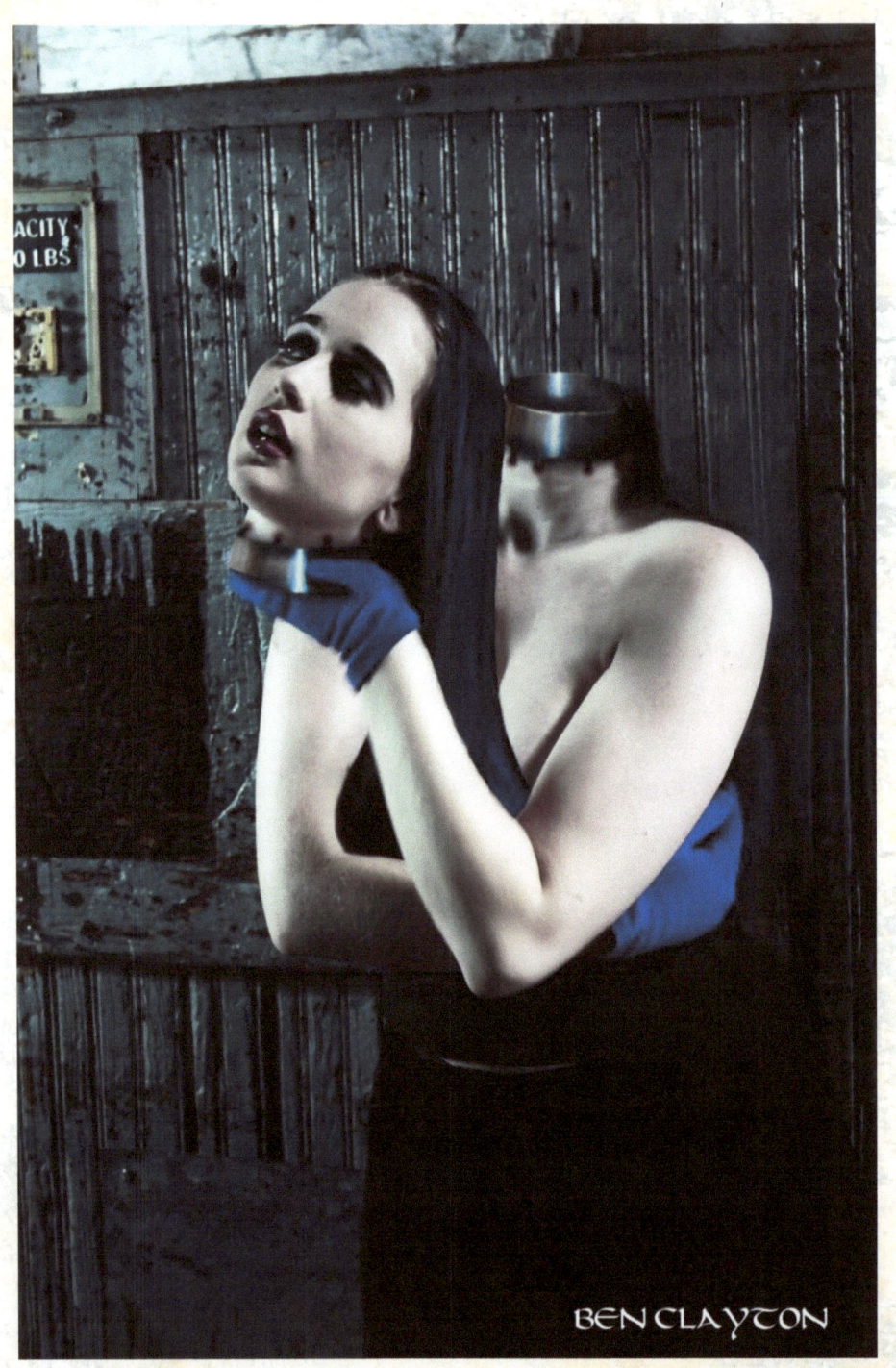

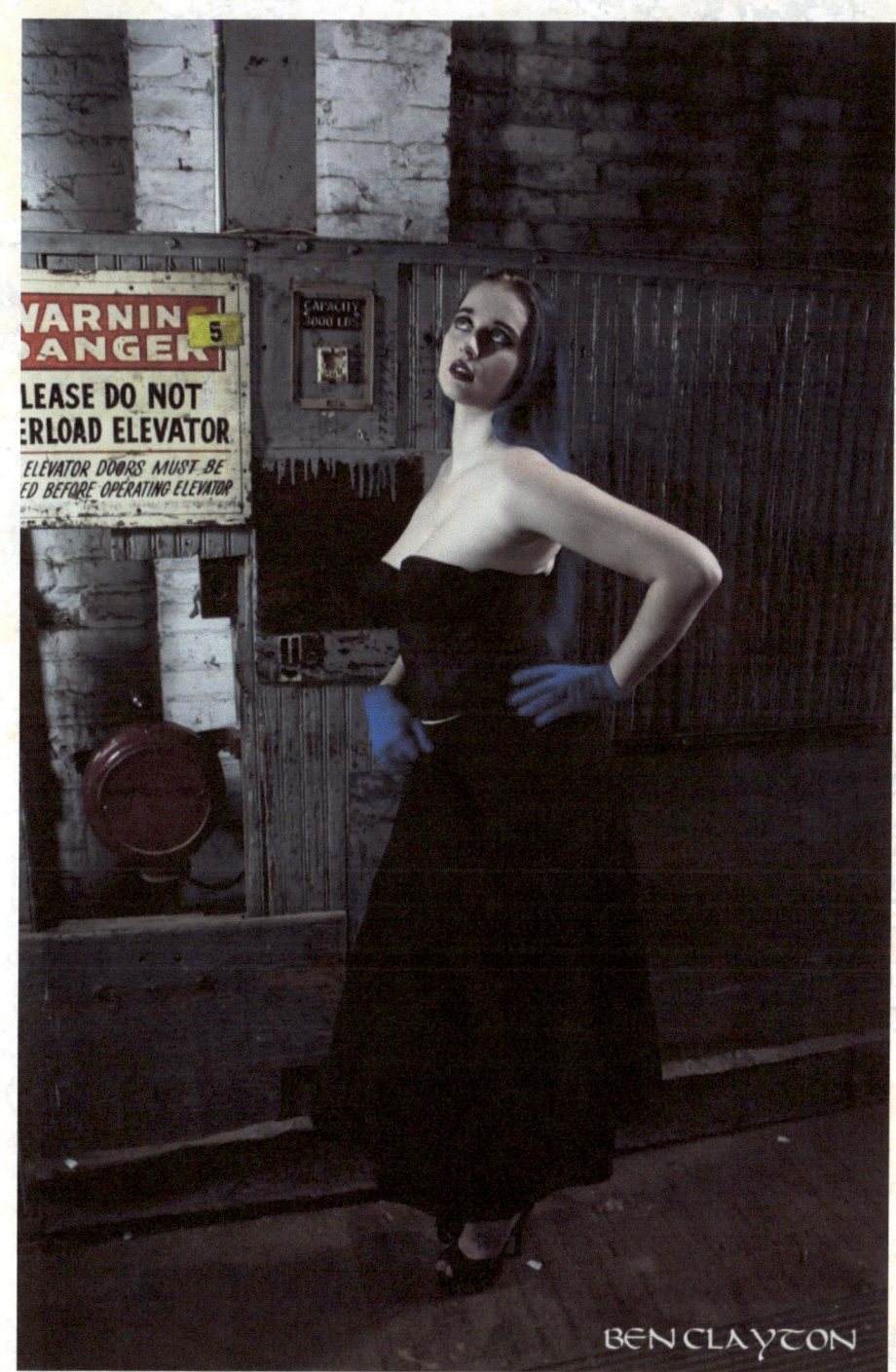

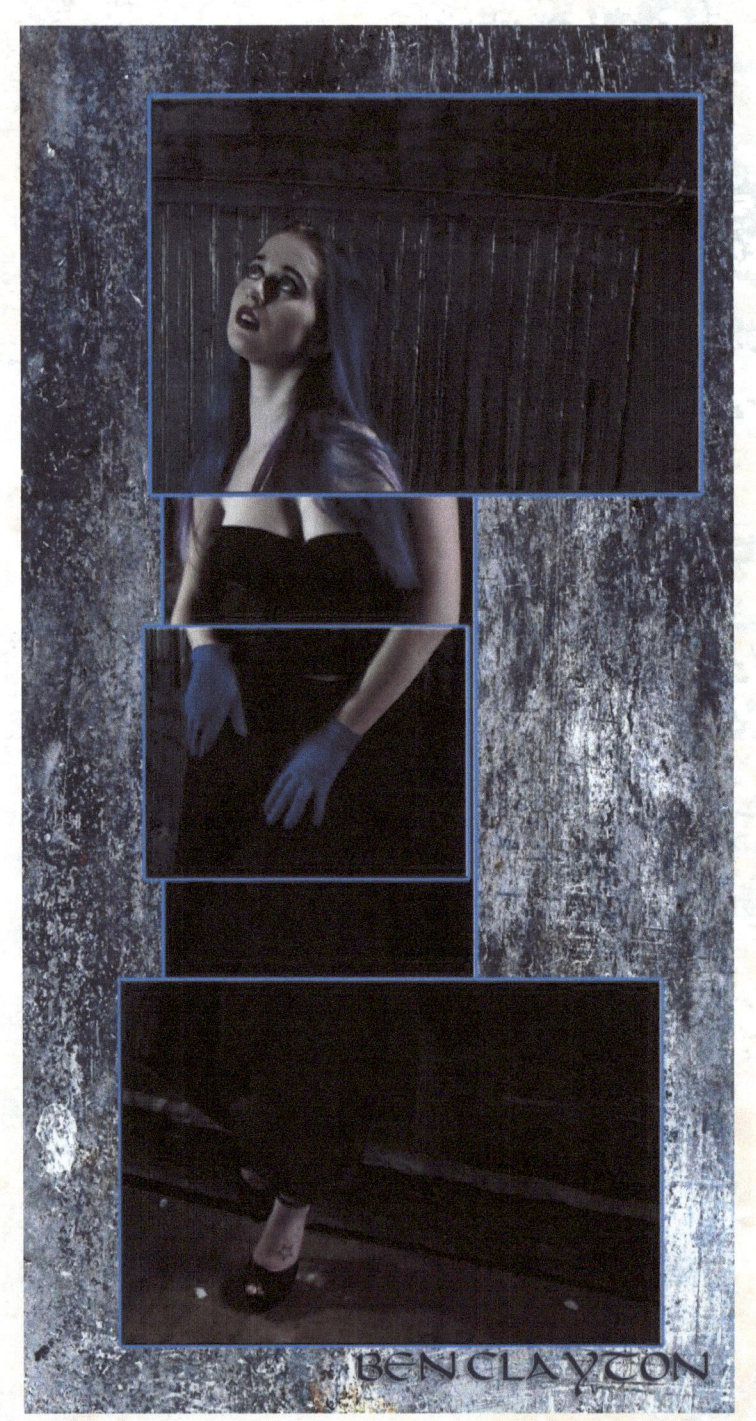

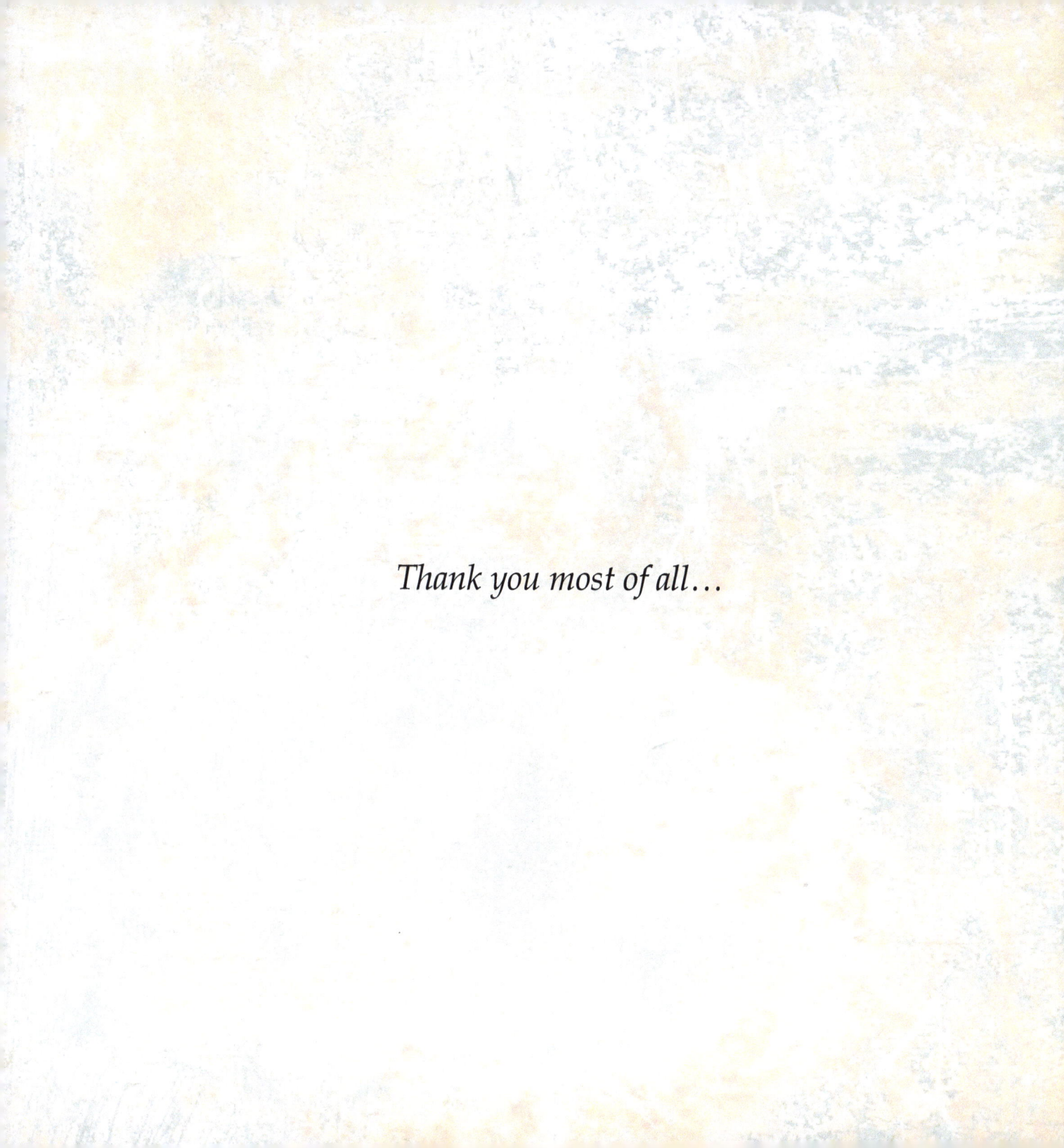

Thank you most of all…